艺术体育
高校学术研究论著丛刊

户外运动与拓展训练理论与方法

王来东　齐春燕　著

中国书籍出版社
China Book Press

图书在版编目 (CIP) 数据

户外运动与拓展训练理论与方法 / 王来东，齐春燕著 . -- 北京 : 中国书籍出版社，2019.11

ISBN 978-7-5068-7507-3

Ⅰ . ①户… Ⅱ . ①王… ②齐… Ⅲ . ①体育锻炼 – 研究 Ⅳ . ① G806

中国版本图书馆 CIP 数据核字（2019）第 249996 号

户外运动与拓展训练理论与方法

王来东　齐春燕　著

丛书策划　谭　鹏　武　斌
责任编辑　成晓春
责任印制　孙马飞　马　芝
封面设计　东方美迪
出版发行　中国书籍出版社
地　　址　北京市丰台区三路居路 97 号 (邮编：100073)
电　　话　（010）52257143（总编室）　（010）52257140（发行部）
电子邮箱　eo@chinabp.com.cn
经　　销　全国新华书店
印　　刷　三河市铭浩彩色印装有限公司
开　　本　710 毫米 ×1000 毫米　1/16
印　　张　17
字　　数　285 千字
版　　次　2021 年 4 月第 1 版　2021 年 4 月第 1 次印刷
书　　号　ISBN 978-7-5068-7507-3
定　　价　82.00 元

目录

第一章 户外运动与拓展训练概述

户外运动是在自然环境中进行的体育运动。以自然环境为依托的运动环境能给运动者最轻松自在的运动情境体验，能使运动者充分享受人与自然和谐相处的美好。拓展训练多是在自然环境中开展的针对个人和集体的以体育运动和体育游戏参与为主要内容和形式的社会性发展训练。户外运动与拓展训练的运动环境都是贴近自然的天然运动场地环境，具有相通之处，但是又是完全不相同的两个运动项目群。本章主要就户外运动与拓展训练的基本理论知识进行较系统全面的解析，以为运动者更好地了解与认知户外运动与拓展训练奠定理论知识基础。

第一节 户外运动与拓展训练的概念

一、户外运动的概念解析

户外运动是一种在“户外”环境中开展的“体育运动”。户外运动是体育运动的重要内容，“户外”作为定语说明和限制了体育运动参与的场地条件。户外运动有广义和狭义之分，具体概念解析如下。

（一）广义的户外运动

广义的户外运动是对户外所有体育运动的概括。作为与室内、与城市生活相对应的一种生活形态，“户外”的“运动”这一理解角度中对“运动”的界定非常宽泛，而且对户外运动的范围界定具有直观性。广义的户外运动不仅是户外探险和挑战，更是使人在运动中放松身心，归于平静的运动生活理念。

因此，广义的户外运动，就是指在户外自然环境中开展的各种体育运动。

（二）狭义的户外运动

狭义的户外运动是一类专门性的特殊运动，具体是指通过运动者自身努力，克服了一定自然条件的局限性、制约性所完成的自然条件中开展的体育运动。

目前，社会大众所理解的户外运动是在户外开展的休闲、探险类体育活动，主要包括登山、攀岩、热气球、漂流、冲浪、滑雪等运动。

真正的户外运动开展时间比户外运动研究的时间要早很多。随着户外运动的发展，有很多学者开始专门就户外运动进行研究，但至今学术界关于户外运动的概念还没有统一的描述，不同的学者均从不同的研究角度提出了自己对户外运动概念的理解与看法。

国外户外运动研究始于20世纪60年代末70年代初，Fletche在1970年就对户外运动的教育影响进行了研究。1980年，Thomas James发表了主题“群山的自由”，在SCI中检索关键词，与户外运动概念界定相关文献224篇，文献中对户外运动相关词汇，如Multi-sport（多项运动）、Outdoor Pursuits（户外活动）、Outdoor Adventure（户外探险）、Adventure Recreation（探险休闲）等，并没有户外运动的具体概念。[①]

2003年，中国国家体育总局登山运动管理中心主任李致新从运动场地角度对户外运动进行了研究，指出“户外运动是指在自然场地（非专用场地）开展的户外运动活动”。

① 杜杨婷，余星，刘明坤．对户外运动发展概念界定的辨析[J]．当代体育科技，2019，9（11）：228.

登山运动管理中心户外运动部主任李舒指出，“户外运动是一组以自然环境为场地（非专用场地）的带有探险性质或体验探险的体育运动项目群。”

董范认为，户外运动是一组在自然环境为场地开展的具有探险性质或体验探险的体育运动项目链。[①]

孙永生、史登登等研究认为，户外运动在自然环境或模拟自然环境中开展的与自然因素互动的非产生性人体活动。[②]

马欣详、田庄认为，户外运动是指人们在自然环境中开展的体育活动的统称。[③]

当前，就全世界范围来看，国内外还没有一个确切统一的定义。因此，结合国内外有关专家的认识和见解，分析界定户外运动的概念只能尽量对户外运动进行特征的归纳，并以此来实现对户外运动的概念的界定：

综上分析，关于户外运动的概念界定，学者们均认同概念描述中的如下几点。

（1）运动环境，以自然环境为主要运动环境。

（2）运动参与目的，运动者参与户外运动的主要目的是健身、探险、提高竞技水平和运动能力。

（3）户外运动是一类体育运动项目群，而非单一的体育运动项目。

二、拓展训练的概念解析

（一）拓展训练的概念

拓展训练，又称“心理拓展训练”“外展训练”等，具体是指

① 董范，国伟，董利．户外运动学[M].武汉：中国地质大学出版社，2009.

② 孙永生，史登登．户外运动相关概念辨析[J].体育学刊，2013（20）:56-59.

③ 马欣祥，田庄．对户外运动概念的重新甄别与界定[J].中国体育科技，2015（51）:140-145.

利用大自然(高山、丛林、溪流)等地域和相应设施,通过运动者参与运动体悟活动理念、增长知识、促进心智发展的体育活动。

拓展训练以体育运动为主要活动内容,以改变个人的行为来培养其良好心理品质并最终提高参与者的综合素质,实现可趋向性目标为活动目的,是一种学校、企业都非常重视的体育活动形式。简单来理解,拓展训练就是一种户外运动体验式学习。

(二)易混淆的拓展训练相关概念

拓展训练是从国外传到我国的一种体育运动形式。早期人们对拓展训练的认识还不够清晰全面,因此,在对拓展训练的认知方面存在很多容易混淆的概念。主要有以下几种:

1. 户外体验式训练

户外体验式训练,具体是指在户外进行的一种注重参与者的身体和情感体验的一种体育活动形式和学习方式。

户外体验式训练与拓展训练都非常重视运动参与者的运动体验,但与拓展训练的一次性、室内室外均可开展、内容形式更加多样化等特点相比,户外体验式训练主要是通过设计一系列的户外活动训练课程来进行的。训练课程过程中,强调教学形式以体验与经验分享为主,并通过专业教练的指引,分析与探讨问题,促进运动者有所感悟和收获。

2.Outward Bound

Outward Bound,原是航海术语,意为“出海的船”。航海出发之前,会召集税收回到船上做好起航的准备,之后逐渐演变具有了“小船出海,不惧怕未知危险,勇敢战胜困难”的重要运动训练思想与行动。

现阶段, Outward Bound 具有明确的概念描述,它是一种具有良好教育意义的户外体育活动(组织),运动参与者自备训练费用,通过参与有组织、有计划的活动来提高运动参与者在活动中的个人体验。

Outward Bound 培训时间无具体规定，少则四五天，一般培训时间通常为 15 天。

3.Project Adventure

Project Adventure，又名“主题式冒险”，由美国人杰瑞·佩（Jerry Pieh）在 19 世纪 70 年代创立，是一种教育理念和课程模式，在学校教育中备受欢迎，同时也在企业管理领域受到认可。

目前，成立了非盈利性国际教育组织——Project Adventure Inc.（PA 组织）。PA 是 OB（Outward Bound）和常规学校教育相结合的产物，它将在户外冒险性活动（如攀岩、登山）改良为在场地内进行的活动课程。此类课程不需要很多教具就能完成。PA 课程分低度、中度和高度冒险训练三种，通过游戏的形式来完成课程学习，多被用于心理咨询方案或者成长团体为主的心理治疗范畴，目的在于激发参与者的冒险精神。

第二节　户外运动与拓展训练溯源

一、户外运动的起源与发展

（一）户外运动的起源

户外运动是人类早期与大自然做斗争，在大自然环境中谋生存、从大自然环境中获取生产生活资料的一种生产劳动需要的活动形式。在早期人类生活中，人类为了满足生存需要，不断开拓发展空间，各种身体的活动都是在户外进行的，如上山采摘学会攀岩和下降技能，狩猎时发明和掌握追踪方法，捕鱼和出海实践中获得渡船和潜水技能。同时，为了子孙后代能持续获得生产生存资料，先人们还会将在对大自然的探索过程中所获得的各种户外生存生产经验进行有意识的总结、传承。

随着人类生产生活水平的不断提高，人们不再主要需要依靠挑战自然来获得生存资料。尤其是工业革命后，生产不再单纯“靠天收”，机械生产将人们从身力亲为的劳作中解放出来，获得生存生产资料的途径和方式开始变得更加便捷和快速、高效，户外运动的技能与方式方法逐渐与人类社会的基本生存生产相脱离。这时，户外运动才发展成为一项独立的体育运动，成为一种以锻炼身体和磨炼意志的户外身体活动形式。

（二）户外运动的形成

户外运动形成于18世纪。据史料记载，1760年5月，法国著名科学家德·索修尔为探索高山植物资源，寻找助手帮助他一起登上阿尔卑斯山顶峰。他在阿尔卑斯山脚下贴出告示，但直到1786年6月，才有医生巴卡罗揭下告示。经过准备，两个月后，医生巴卡罗与采矿工人巴尔玛终于结伴登上勃朗峰。

1787年8月3日，由索修尔率领、巴尔玛做向导的一支20多人组成的登山队，再次登上了该峰，由此揭开了现代登山运动的序幕。登山运动是最先诞生的户外运动项目。

户外运动最先在欧洲形成并发展起来，具有以下几个方面的原因：

1. 欧洲有开展户外运动的丰富自然资源基础

在18世纪时，喜欢探险的欧洲人凭借欧洲北部多山、多冰雪的良好自然资源，在户外进行各种挑战自我的体育运动。这些体育运动在后来受到了广泛的关注和欢迎，参与户外登山和探险的人越来越多。而这些人就是最早的一批户外运动爱好者和探险者，他们早期主要参与登山、攀岩等典型户外运动项目。

2. 欧洲文化的传播需要促进了户外运动的诞生

户外运动在欧洲的形成除了因为欧州具有良好的自然体育运动资源以外，也与当时欧洲的思想解放有密切的关系。18世纪的欧洲人们思想得到空前解放，促进了其对自我思想和实践活动的时间和空间的不断拓展。

3. 自然科学兴起为户外运动兴起提供了技术方法指导

随着欧洲的自然科学的兴起,一些科学家需要进入山区进行研究。当时的科学家同时也是经验丰富的登山家、野外探险家,他们的行为为运动爱好者探索河流山川提供了榜样作用和运动经验。

4. 工业革命促进经济发展为户外运动兴起提供了经济条件

工业革命首先在英国发生,两次工业革命为欧洲经济的快速发展奠定了经济基础,经济的发展使得欧洲社会分化,社会资产阶级开始出现,并拥有大量的生产资料基础,他们有更多的时间和金钱去体验和挑战生活。早期参与户外运动的运动爱好者大都拥有不错的经济条件,可以说大众户外运动的休闲参与正是由这些寻求刺激的实业家和企业家带动起来的。

总之,欧洲思想、经济、科学等各方面的大发展为户外运动的产生奠定了良好的社会基础。户外运动诞生初期,尽管户外运动的项目较少,主要是登山、攀岩、滑雪,户外运动技术落后、装备简陋,但以登山运动为代表的户外运动首次被大众认可并积极参与其中。

（三）户外运动的发展

1. 世界户外运动的发展

(1)户外运动的竞技化发展。

户外运动非常具有挑战性,因此,户外运动发展成为一个竞技体育运动项目群非常容易理解,和其他竞技体育运动,如球类运动相比,户外运动开展的时间不长,但发展迅速。户外运动的竞技化发展,大致经历如下:

1973 年,铁人三项赛首次出现,当时,人们对于马拉松比赛、长距离山地自行车、长距离自然水域游泳的最严酷运动的争论十分激烈，由此可见，当时人们对户外运动的热衷。在争论无果的情况下，铁人三项运动比赛诞生。

1980 年，多项铁人赛正式创办，包括马拉松、山地自行车、游泳、激流皮划艇、山地跑、滑雪。

1983 年，新西兰团队昼夜野外比赛正式出现。

1987 年，法国记者热拉尔·菲西突发奇想——在陆上开展麦哲伦环球航行历险。这也成为越野挑战赛（Adventure Race）的构想蓝图。

1989 年，关于越野挑战赛构想的具体的团体参赛，赛程数日，昼夜兼程，按规定通过数个检查站，不使用任何机械化交通工具的户外运动得以逐渐成型，并得到了赛事赞助。野外生存与定向越野竞赛走进大众视野。

1989 年，国际探险越野赛事首次在新西兰南岛举行，每年举办一次。

1993 年，艾科挑战赛（Eco-Challenge）诞生，极大地促进了户外运动的进一步普及与发展。2004 年，艾科挑战赛因运作困难而停办。

1996 年，七星越野挑战赛开始举办，每年举办一次。该赛事在亚洲地区引起广泛关注，极大地促进了亚洲地区的户外运动的发展。2005 年，七星越野挑战赛因赛事赞助问题而停办。

2001 年，首届越野挑战赛、世界锦标赛在瑞士举办，这是世界范围内的户外运动的又一项重要赛事。

2006 年，世界探险越野赛 5 届冠军新西兰 Seagates 希捷队队长，传奇人物 Nathan fa' ave 主办了世界最大女子探险越野赛，截止到 2018 年，已经成功举办 12 届。

目前，国内的户外运动发展备受关注，有许多户外运动相关竞赛已经发展成为世界级重要体育竞赛。随着近年来媒体对户外运动赛事的宣传和大众对户外体育运动竞赛的关注，有很多户外运动赛事成为社会热点，如“健康中国　魅力河山”2018 年度 HCFR 国际越野跑挑战赛，还有将于 2019 年 12 月在斯里兰卡举行的世界探险越野锦标赛。这些赛事的举办极大地推动了户外运动的竞技化发展。

（2）户外运动的大众化发展。

户外运动自诞生起，就以其挑战性、探险性而备受社会大众关注，只是在户外运动发展初期，受体育资源、运动时间、运动精力与资金投资等各个方面的影响，户外运动的大众参与人数不像其他运动参与人数那样多。

户外运动诞生之后，在欧洲广泛流行，并逐渐向世界各地传播，进而促进了全世界范围内以登山热潮为代表的户外运动的快速发展。

户外运动的大众化发展与其自身与人类现实生活的密切关联具有很大的关系。具体分析如下：

①战争时期作战训练促进户外运动的广泛化。

第二次世界大战期间，户外运动从单纯的体育运动进入人们的现实生活，并作为一项实用性较强的运动存在于人们的战时生活中。据资料记载，户外运动的一些内容曾是一些国家的战时训练内容，如英国的特种突击队创办的“障碍训练科目”。专门性的户外运动作战训练极大地提高了突击队员的野外作战能力和团队合作能力，并为之后的户外运动中的攀岩和野营运动的发展奠定了技术、技能、运动形式基础。

②户外运动对人的生存力与适应力的提高刺激大众户外运动参与热情。

户外运动成为受大众欢迎的一种体育运动项目，还与户外运动能有效促进和提高大众的户外自然环境的生存和适应力有密切关系。据有关研究发现，面对灾难时，最终促进幸存者得以最终生存、获救的重要因素为心理因素、生活经历、团体合作能力。而广泛参与户外运动，能在面对一些突发事故时有效提升人的生存概率，这也成为户外运动受到社会大众关注的一个重要原因。

③经济发展促使更多人有时间和金钱去参与户外运动。

第二次世界大战后，在世界范围内，各国都将国家发展重点集中到经济建设上。随着世界范围内的经济的不断发展，人们有了更多的户外运动时间、精力和经济条件基础，这时的户外运动逐渐脱离军事和求生等特点，成为大众休闲户外运动项目。

现阶段，户外运动在全球范围内拥有广泛的参与人群，尤其是欧美国家和地区的人都非常热衷于探险和户外锻炼。户外运动成为他们的重要体育参与选择，成为欧美国家人们重要的娱乐休闲健身方式。与此同时，近年来，随着经济的发展，亚洲户外运动也进入到一个快速发展的时期。

2. 我国户外运动的发展

（1）我国早期户外运动的发展。

我国地域广阔、地貌丰富、地理环境复杂，这些自然条件为我国开展户外运动奠定了良好的自然资源条件。

在我国古代，虽然并没有户外运动的概念，但是我国古代很早就有了游侠，还有很多官员在辞官之后游历祖国山川。例如，徐霞客就是我国古代著名的旅游家、探险家，还有很多文人也多游历山川（登山、徒步），如李白就有很多描写自然山体景色的诗句。

（2）我国现代户外运动的发展。

现代户外运动由西方国家传入我国，从时间上看，是在登山史上“喜马拉雅的黄金时代”时期，以登山运动为基础，我国现代户外运动才逐渐起步。

1957 年 6 月，我国登山运动员第一次独立组队——中华全国总工会登山队，成功攀登四川西部海拔 7 556 米的贡嘎山顶峰，揭开我国登山运动的新篇章。

1958 年，为了进一步促进和规范我国登山运动的发展，我国登山运动协会成立，为我国登山运动的发展提供组织支持。

1959 年，中国登山队成功登上号称“冰山之父”——慕士塔格山的顶峰，刷新了我国的登山运动的登高纪录。

1960 年，我国登山运动员从北坡攀登上珠穆朗玛峰，这一成就标志着我国登山运动进入世界先进行列。

20 世纪 70 年代，我国女子登山运动获得了不错的发展，取得了一些成绩，女子登山运动员向 8 000 米以上高度进军。

1975 年，一支包括 10 名女运动员在内的中国登山队攀登了“珠峰”，这是女子登山的一次重大突破。

20 世纪 80 年代，中国、日本、尼泊尔三国联合跨越“珠峰”，标志着人类登山运动进入了一个新发展时期。

1988 年 12 月，中国登山家李致新、王勇峰、金庆民（女）同美国登山家联合登上南极文森峰，标志着中国海外登山探险有了新突破。

1993 年，首次全国野外运动研讨会在北京召开，指明了我国户外运动的未来发展方向，为新时期我国户外运动的普及指明了方向。

1998 年，第 2 届全国野外运动研讨会由中国登山协会在昆明主持召开。

（3）21 世纪我国户外运动的发展。

进入 21 世纪以后，我国社会经济、文化、体育等各方面都发生了很大的变化。依托良好的经济、体育形势，我国户外运动进入新的全面、快速发展时期。

2000 年 8 月，“长白山全国大学生登山越野挑战赛”在吉林成功举办，扩大了户外运动在大学生群体中的影响，并吸引了一大批青年人关注登山运动。

2001 年中国登山协会提出“服务、引导、规范”的户外运动发展方针。此后，“山地马拉松赛”“国际山地极限运动挑战赛”等赛事在我国得到了发展，比赛项目涉及多个户外运动项目，如溯溪、山地自行车、攀岩等。

2003 年，“中国重庆武隆国际山地越野挑战赛”在重庆武隆县举办。该赛事由中国登山协会举办，每年举办一次，比赛项目多，有暗河穿越、山地自行车、漂流、岩降、攀岩、溜索等。

2005 年 10 月，“中坤杯”帕米尔高原户外挑战赛在新疆举办，比赛区域从海拔1 300米至4 300米，赛程总长约200千米，项目涉及越野技能、越野跑、登山、划船、滑沙等。

自2007年开始，我国高校将户外运动逐渐纳入学校体育教育系统。高校户外运动的开展，为我国户外运动的科研服务、为科学考察服务，同时也为我国登山运动培养了许多后备运动人才和优秀管理者。

2012年，“中国健身名山登山赛”在陕西华山、山西恒山举行，此后这项活动每年都在符合中国健身名山标准的山岳型风景名胜区开展。这项赛事将大众健身、户外登山运动、风景名胜旅游有机结合在一起，是一项效益多元的赛事。

2015年，依托“一带一路”倡议和“体育强国”战略，“户外中国·丝绸之路国际户外运动挑战赛”成功开赛。本着循序渐进原则，2015年的赛事路段以陆上丝绸之路为主，暂限于东段和中段，即国内部分。西段，即国外部分以及海上丝绸之路赛事，在2016年陆续开展。

2018第15届中国山地户外运动系列赛（重庆武隆）在重庆武隆举办，吸引了社会广泛关注，进一步扩大了户外运动在社会大众中的影响。

近年来，我国每年都有各种大大小小的户外运动赛事举办。在我国经济和体育发展的良好形式下，户外运动赛事与各地的经济发展、体育发展、旅游文化发展有机结合起来，促进了户外运动和本地经济的融合与协调发展。这些赛事极大地推动了我国户外运动的发展。

现阶段，我国户外运动依托良好的体育教育、体育经济发展背景和基础，正在以良好的姿态和速度不断向前发展。户外运动不再只是时尚人群追求的时尚运动，将更加呈现出大众化趋势，逐步成为全民健身的主流项目。①

① 孙辉．跨界协同治理视角下我国户外运动发展研究[J]．湖北经济学院学报，2019（3）：20.

二、拓展训练的起源与发展

（一）拓展训练的起源

拓展训练是在“二战”时期萌芽并逐渐发展起来的。据相关资料记载，“二战”时期，不仅陆上战争多发，海战也十分频繁。有学者研究发现，海战中，总有一些人能幸存下来。一般认为幸存下来的人必然是年轻力壮、熟悉水性者，但事实并非如此。这些幸存者中的大多数，并非年轻人，也不是体格强壮的人，而是一些年龄较大的人。他们具有以下共同特点：

（1）有丰富的海上求生技能。

（2）有强烈的家庭责任感和求生欲望。

（3）有良好的心理素质和坚强的意志。

（4）善于沟通、合作，有团队精神。

德国教育家库尔特·哈恩（Kurt Hahn）等人在对“大西洋商务船队”中的幸存者进行了大量研究后，创办“阿伯德威海上学校”。该学校充分利用各种自然条件训练年轻海员的求生技能、良好心理素质与意志品质，以此来提高船员们的生存能力，以更好的身体素质和心理素质应对各种海上意外事故的发生。

1934 年 4 月，哈恩建立“戈登思陶恩学校”，专门从事个体和群体生存训练，这种生存训练就是拓展训练的雏形。

1938 年，哈恩获得了英国国籍，其后他创造了一种训练方式，并呼吁英国战争委员会在部队实行。这种训练方式能够在几个月里让英国步兵提高耐力、胆识和自卫能力。

1941 年，哈恩创办 Outward Bound 学校，专门针对年轻人进行训练。课程运用哈恩的“城郡徽章计划”，目的在于培养年轻人的身体素质、事业心、韧性以及激情。Outward Bound 学校的课程为期一个月，主要课程包括小船驾驶训练、体能训练、越野训练、救援训练、海上探险、陆地探险、居民服务活动等。这也为以后的拓展训练课程项目体系形成奠定了内容基础。

“二战”后，哈恩的生存训练随着战事的结束逐渐摆脱军事化特征，转而受到了一些具有远见的教育家、行为学家的重视。他们认为，哈恩的教育训练模式在和平社会对个人综合素质的发展仍然具有十分重要的作用。

现代社会，每一个人都置身于社会生存环境和社会人际关系网络之中，对于处在复杂社会环境和复杂社会关系中的人们来说，帮助他们改善情绪焦虑、精神压抑的生活状态，提高他们的抗压能力，改善他们的身心素质以及社会适应能力具有十分重要的意义。哈恩的训练理念不仅仅局限于海员之间，还被广泛用于其他社会成员。

之后，哈恩的训练教育理念与模式逐渐用于培训管理者和企业人为对象，并成立了专门的培训学校，训练对象也逐渐地从单纯的海员群体，扩展到工人、学生、工商人员等。

（二）拓展训练的诞生

拓展训练的诞生与欧美盛行的 Outward Bound（简称 OB）教育模式密切相关。Outward Bound 模式对领导艺术、团队建设、品格素养等都具有显著的效果，因此在世界范围内都很流行。

拓展训练参照了以 Outward Bound 的教育模式，但与之相比，降低了活动的风险，从而形成一种注重参与者活动和情感体验的，具有中国特色的身心素质教育与训练体系。

（三）拓展训练的发展

拓展训练诞生之后，在社会上引起广泛关注，并迅速发展起来。军事家、教育家、社会学家等都充分认识到拓展训练对于人的综合素质，尤其是对环境适应能力和创造能力的重要促进作用。

1. 国外拓展训练的发展

1946 年，Outward Bound 信托基金会（Outward Bound Trust）

在英国成立，为进一步推广 Outward Bound 理念、筹建 Outward Bound 学校提供了资金支持。

1962 年，美国人乔什·曼纳（JoshL Miner）在美国成立科罗拉多 Outward Bound 学校，次年正式从 Outward Bound 信托基金会获得了许可证书。

由于具有良好的训练实效，Outward Bound 的教育理念和教育模式获得了许多学者的认可，并慢慢地被教育系统的人士所关注，拓展训练在教育界获得了广泛发展。

欧美等国非常重视学生的素质教育，因此，在 Outward Bound 的系列训练课程诞生之后，欧美国家的教育界就很推崇这种实践性教育。在美国，拓展训练被列入高中教学大纲，是中学生的必修课程，主要侧重于对学生心理素质的培养，并强调实践环节。在欧洲各国，拓展训练还在引入学校的同时引入到企业用于加强对员工的教育。

在亚洲地区，新加坡是第一个建立 Outward Bound 学校的国家，之后，拓展训练被引入中国香港、日本等地区和国家。

拓展训练主要在户外自然环境中开展，对于缓解现代人的生活、学习、工作等压力来说具有重要的调节作用。拓展训练将训练参与者（城市居民、工商人士、学生）从钢铁丛林、格子间和"三点一线"的学习生活中解放出来，通过亲近自然、回归自然的实践性教育方式方法来完善个体的人格、提高个人的身心素质。现在，拓展训练已经发展成为一种教育、社会新时尚。

2. 中国拓展训练的发展

拓展训练最早在我国香港地区发展起来，随后传入内地地区。

1970 年，香港外展训练学校成立，这是中国第一个加入 Outward Bound 国际组织的专业培训机构。

1995 年，拓展训练引进中国内地，"北京拓展训练学校"是最早开始在中国大陆开展课程的培训机构。

1999 年，我国高等学府清华大学率先将体验式培训引入到

MBA、EMBA的教学体系中。随后,我国其他高校纷纷效仿,在学校公共体育课中加入拓展训练课程,开设拓展训练课。

近年来,拓展训练在我国社会上和学校都很受欢迎,拓展训练整体发展态势良好,但也存在不少问题,简要概括如下:

(1)拓展训练课程重实践、轻理论。

(2)拓展训练的收费无统一标准,没有经过物价部门审定,从暴利到价格竞争无所不有。

(3)拓展训练机构的水平参差不齐、良莠难辨。

(4)培训师的资质没有行业标准,也没有国家权威部门的认证。而且,从长远来看,由于培训师缺乏系统知识培训,水平难以提高。但不可否认,我国拓展训练市场还处于早期开发时期,发展前景光明。

(5)拓展训练活动的安全问题。

(6)各种名目的"拓展训练"活动和课程层出不穷,如室内拓展、旅游拓展、年会拓展项目,这些活动的设计可能缺乏科学性、安全性。

从引入到发展至今,拓展训练在我国的时间虽然只有短短二十几年的时间,但是发展速度十分惊人。现阶段,拓展训练已经成为企业文化建设和学校体育教育的重要内容。

第三节　户外运动与拓展训练的价值及特征

一、户外运动与拓展训练的价值

户外运动与拓展训练都属于体育运动的重要项目群,具有体育运动的一般运动价值,同时,也体现出户外运动与拓展训练的自身特点。

（一）健身价值

1. 强身健体

户外运动和拓展训练，以身体活动为主要形式，活动场地以自然环境为依托，更有助于促进运动参与者的身体健康发展。

户外运动内容丰富，无论男女老少，每一个年龄阶段的学生都可以在户外运动体系中找到适合自己的户外运动形式。参与到户外运动中进行健身锻炼，可有效增强身体素质、提高身体对自然环境的适应能力。

拓展训练，是一种实践性的体育教育与训练形式，其注重个体的心理素质和社会性发展，但同样以各种体育活动内容与形式为基础，是一种丰富有趣的体育活动。参与拓展训练，通过对一些特定运动项目的学练和挑战，可有效促进人体肌肉力量，加大关节运动幅度，有效地发展柔软性，提高肌肉、韧带的伸展性，刺激身体促使内分泌物质保持适度的均衡，对人的各种身体素质发展有积极影响，可增强体质、强身健体。

户外运动和拓展训练的具体强身健体价值表现如下：

（1）促进生理机能发展。

首先，参与户外运动与拓展训练可以有效提高身体各系统机能。户外运动和拓展训练的自然多变的自然运动场景（山地、水域、草地、森林等）、丰富的技术动作要求和技术动作完成的节奏、难度、幅度等，可提高人体中枢神经系统的紧张度，能促使人的神经中枢的灵活性和协调性得到锻炼和增强。由于神经系统对人体的其他系统和器官具有重要的支配和协调作用，因此，可以有效促进整个身体的生理机能水平的提高。

其次，户外运动与拓展训练对运动参与者的心肺能力有较高的要求，参与这两个项目群的训练，可以有效提高运动参与者的心血管系统机能。户外运动和拓展训练中丰富的活动内容，多样化的身体动作、专业技术动作的完成等，都可以促进人体多样化的运动锻炼，促使运动者完成各种复杂多变的运动。这些运动形式的完成需要消耗大量的血氧，长期、坚持参与户外运动与拓展训练，可增强机体对血氧的利用水平。同时，运动实践表明，科学的户外运动和拓展训练活动可增强人的心脏活力，加快新陈代谢和机体组织的血液循环，促进体内代谢活动的进行，使机体保持活力。

最后，户外运动和拓展训练中有一些颇具挑战性和冒险性的运动内容，如户外运动中的攀岩、漂流、野外生存和拓展训练中的高空项目。在这些项目的参与过程中，惊险刺激的运动瞬间，会让机体的呼吸系统也保持着高度的工作紧张和运转状态，可促进呼吸系统机能的完善。

（2）促进身体素质发展。

户外运动与拓展训练均对运动者有不同的身体素质要求，不仅是对各种身体素质要求有所侧重，同时还要求运动者的整体素质水平较高。

具体来说，户外运动中的攀岩、登山等项目对运动者机体的局部力量素质的发展更有良好促进作用；户外运动中的徒步、穿越、野外生存等项目，运动参与时间长，运动形式多样，对运动者的各种耐力素质的发展均有锻炼和促进作用；拓展训练中有很多项目需要运动参与者必须具备良好的灵敏素质，以快速判断、快速行动，这需要各个器官的高效协作与配合，以使注意力更集中、动作速度更快、动作更加精细化，这些动作的练习与应用，还有助于提高人的空间、时间和定向能力，以及判断力、思考力、协调能力等；户外运动和拓展训练中的很多项目对运动者的整体及局部速度、柔韧素质有较高的要求，如户外自行车、游泳、滑冰、滑雪等。良好的速度和柔韧素质是运动者参与户外运动中确保自身运动效率、运动安全的重要素质基础。

由此可见，户外运动和拓展训练对运动参与者的身体素质的发展具有全面促进作用。

2. 生长发育

参与体育运动可促进运动者的身体机能发展、身体素质发展，继而可促进个体的良好生长发育。

近年来，我国各级学校重视将户外运动与拓展训练引入学校体育教育教学系统，就在于户外运动与拓展训练能有效促进青少年学生群体的健康生长发育，尤其是在青少年各项素质、指标发育的敏感期，能为青少年学生的成长发育起到助力作用。

户外运动与拓展训练对青少年学生的成长发育助力价值体现如下：

（1）促进肌肉生长、增强肌力。

人体的各种动作和活动的完成需要肌肉做功实现，体育运动的参与需要运动者的身体多部位的肌肉运动参与。户外运动与拓展训练对运动者的肌肉力量、肌肉耐力素质发展等有重要促进作用。户外运动和拓展训练过程中，各种简单或复杂的动作完成，都需要运动者机体的肌肉的参与，需要身体的不同位置的肌肉做功并配合，如此才能形成正确的动作。此外，运动过程中有机体的肌肉，尤其是骨骼肌作为运动者的重要肌肉类型，通过不断地运动（工作），能促进骨骼肌自身的结构、形态、性质等良性发展。因此，参与户外运动与拓展训练，能使机体各部位的肌肉保持良好工作能力。

（2）促进骨骼生长，强健骨骼。

从出生到成年，随着年龄的增长，人的骨骼是不断增粗增重的。对于儿童、青少年来说，经常参与户外运动与拓展训练，可促进骨骼的不断生长。对于中老年人来说，经常参与户外运动与拓展训练，可强健骨骼，预防和缓解骨骼的老化。

生理学研究表明，骨骼内部结构中有很多血管、细胞、神经，运动可为骨骼的正常发育提供和输送各种营养物质，可令骨的轻而坚固。参与户外运动与拓展训练，运动者有机体的身体代谢（物质代谢、能量代谢）就会变得越来越强，能在机体的运动过程中为人体的肌肉和骨骼生长发育提供更多的营养物质和能量，因此，可以令人体骨骼变得更加坚硬和坚固，能抵抗较大的外力冲击。

3. 保健康复

户外运动与拓展训练的自然运动环境是良好的养生保健环境，科学的户外运动与拓展训练活动参与有养生保健、医疗康复价值。

户外运动与拓展训练作为保健和医疗康复运动内容，能促进运动者的身体、心理的保健与康复，能促进运动者体质水平和素质水平的提高，再加上自然环境这个天然氧吧，能为个体的保健、康复奠定良好的机体活动基础和环境基础。

现代社会，受多种因素的影响，“文明病”多发，西方医学中的手术和药物治疗对一些疾病的治疗是非常有效的，但是在缓解个体的“亚健康”症状与状态、缓解减少“文明病”方面却收效甚差。与医学相比，户外运动与拓展训练更加安全、有趣，病患者接受度高，而且治愈效果不错。户外运动和拓展训练具有安全有效、副作用少的优势。

户外运动与拓展训练对于现代人（包括少年、青年）的体重超重、营养过剩、暴饮暴食、熬夜、心理压力大的不良身体状况和生活习惯的改善是具有重要正面影响的，能有效减少身体负面反映，还能促进运动者养成良好的体育健身习惯，并形成终身体育意识，长期有效促进身心健康发展。

（二）健心价值

1. 愉悦身心

户外运动与拓展训练内容丰富、形式多样、运动环境自然优美、活动情境真实立体，能使人感受到运动的快乐。

从生理学角度来讲，运动可引起人体的内分泌的变化，户外运动与拓展训练中的许多项目，如水上运动、高空运动，是运动者在日常生活中接触不到的。运动中，运动者的生理和心理都会处于一个兴奋状态，再加上户外运动与拓展训练的复杂、生动的运动环境、运动场景的多变，就更加容易调动运动者的兴奋感，对于运动者来说是非常有趣的运动体验。

从心理学角度来说，运动能给人带来丰富的情绪体验（如紧张、刺激、激动、成功感与成就感等）。集游戏、休闲、娱乐、健身、冒险等于一身的户外运动与拓展训练，可以给运动者带来各种复杂的情绪体验，这些运动体验大多是具有正向的心理影响的，能充分满足不同运动者的多元化身心体验和发展需求，可愉悦其身心。

2. 疏导情绪

运动可以使人的神经系统处于兴奋状态，由于专注于运动，有机体的运动中枢形成强烈的"优势兴奋灶"远高于身体其他系统的兴奋性，进而对其他系统的兴奋产生抑制。换句话说，就是抑制不良情绪，摆脱消极情绪。

现代社会，无论男女老少，无论职业收入，都面临着各种压力，如学习、生活、就业、情感等各种压力，这些不良情绪如果难以排解就很容易导致生理或者心理上的问题。如果情绪通过不良的方式排解（如沉迷游戏、网络，甚至有斗殴、吸毒等违法活动），则会对自身和其家庭、甚至整个社会都带来不良的影响。

户外运动与拓展训练是一种健康的体育运动项目群，是一种健康的健身、娱乐、休闲方式，通过参与户外运动与拓展训练，可以为运动者提供与平时学习、生活所不同的活动环境，并在健身健心的同时，增进快乐、调节情绪。具体来说，户外运动与拓展训练是在大自然环境中开展，在运动环境上能使人的身心最大限度的放松，在运动过程中，也能最大限度地排解运动者的不良情绪，同时建立健康和积极的情绪。

3. 丰富情感

户外运动与拓展训练是一种主题性、体验性活动，运动者在户外运动与拓展训练中，不仅要完成各种活动任务，更要在自然环境中对户外任务的完成有一定的深刻思考和情感体验。

户外运动和拓展训练活动的参与,需要运动者全身心投入到活动自身和与自然的相处之中,这种情感体验是十分丰富和宝贵的,而且往往令人印象深刻。

4. 磨炼意志

户外运动与拓展训练中的很多运动内容都具有一定的挑战性,需要运动者具有良好的心理素质。参与户外运动与拓展训练对于运动者的身体和心理耐力、意志力是很好的一种锻炼。

户外运动与拓展训练参与,任何一个任务的完成都需要付出一定的体力和心力,需要信心和毅力。运动者参与户外运动与拓展训练,为了很好地完成活动,就必须要时刻调整心理状态;要有坚持不懈的品质与意志、吃苦耐劳、不急不躁,提高对自然环境的敬畏意识,同时也有克服自然环境中生存和运动困难的信心与意志。

5. 完善人格

户外运动与拓展训练参与,要顺利挑战各种困难达成活动目的,不仅仅需要良好的体能素质基础,也需要有良好的心态、竞争意识、协作能力等,还需要具备各方面的学科知识与自然、社会活动经验。这些知识、技能的学习与锻炼对运动者的个性心理是一种全面的塑造过程,有利于促进运动者的思维、性格、情感、气质等健康心理和完善个性的发展。

6. 重塑世界观

户外运动与拓展训练的自然运动环境,能使人远离城市和日常生活、工作、学习的喧嚣与烦恼。运动者在户外运动参与过程中,置身于大自然,是对现实社会生活的一种短暂的远离,可引起个人对自然万物生存发展的思考。户外运动与拓展训练的返璞归真的运动和生活体验能让运动者感悟自然、感悟生命,对于运动者的正确世界观和价值观的形成具有重要促进作用。

（三）文化价值

1. 健康生活新时尚

大量的实验研究证明，经常参与户外体育运动能有效降低心脏发病猝死的概率，能增强心脏功能，预防和减少患高血压、高胆固醇症和肥胖等疾病危险，还可以改善糖尿病、骨质疏松症、关节炎、情绪波动等病症。因此，休闲体育运动融入人们生活中是社会发展的必然趋势。

当前，我国关注民生，重视人民生活幸福感的获得，重视发展体育健身事业以促进广大人民群众的身心健康发展、不断提高人民群众的生活质量。高质量的生活是指有意义的、有效的、有趣的、富有的生存。户外运动与拓展训练参与能有效提高运动者的生活质量，满足个人的身体、精神、社会发展需求。运动者参与户外运动与拓展训练，能在运动中实现自我发展和在集体中的个人价值体现，使运动者能在愉悦自身的同时，获得交往、认同、归属，进而提升幸福感。

让社会大众拥有和享受体育生活是一个国家社会进步的重要标尺。户外运动与拓展训练参与能满足人们运动和享受生活的需求，并使运动与生活得到最完美的结合。户外运动与拓展训练参与可满足个人高质量的生活追求。

随着我国社会经济、文化的广泛快速发展，现阶段的人民生活水平、生活态度、生活追求和中华人民共和国刚成立时以及和改革开放初期相比都发生了翻天覆地的变化。为了丰富人们的文化生活，提高人们的幸福指数，我国政府在遵循科学的劳动方式的基础上，重视人民群众的休假权利，每周 5 天工作和节庆假期的落实，为广大人民群众带来了更多的休闲时间，为人民群众积极参与和享受休闲体育生活奠定了基础。

党的十九大报告中指出，“我国社会主要矛盾已经转化为人民日益增长的美好生活需要和不平衡不充分的发展之间的矛盾。”此后，我国更多地开始强调发展大众体育，提倡休闲生活，我国社会进入新的发展时期。

新时期，我国人民对“美好的生活”的追求不仅表现在物质方面，也表现在精神方面。针对此，党和国家政府从各个方面改善人民生活，在社会的民主、法制、安全、环境等方面日益改善的同时，不断满足广大人民群众对丰富多彩的文化生活和精神生活的需求。

当前，户外运动已成为一种时尚运动方式。其多样化、个性化等特点，让人拥抱自然、挑战自我，备受大众追捧。①

2. 交往合作新时尚

每一个人，作为社会成员，在社会环境中生存、发展，都与其他社会成员有着千丝万缕的联系。现代市场经济条件下，人们交往的空间不断扩大，感情通融和交流的需要日益加强，在人与人的互动上，和之前相比，互动方式与内容也发生了重要变化。越来越多的人开始逃离交通拥挤、人声喧闹的城市，钟情于到郊区户外，亲近自然。

户外运动和拓展训练给予了人们亲近自然、锻炼身体、愉悦身心的良好机会和方式。随着大众健康认知的不断提高，更多的人愿意走出家门、走到户外，感受新鲜空气，与自然山川河流进行亲密接触与互动。无论是谈生意还是日常社交，更倾向于换上一身休闲装，一起相约去爬山健身，或企业组织员工参加户外拓展，增强集体荣誉感和凝聚力，消除隔阂，增进情感，促进合作共赢。

现阶段，户外运动与拓展训练已经成为了广大人民群众探索交往合作的一种新的方式，也是一种新时尚。

（四）教育价值

户外运动与拓展训练是我国各级各类学校中学生都很喜欢的体育教育教学内容，国家也非常提倡户外运动与拓展训练被学

① 盛玉雷．户外运动，当遵守法纪敬畏自然[N]．人民日报，2019-05-17.

校教育引入。户外运动与拓展训练具有多元教育价值，对学生的身体、心理、智力、审美、社会性等发展均具有重要促进作用，即户外运动与拓展训练具有体育、智育、美育、德育等价值。具体分析如下：

1. 体育与心理健康教育价值

参与户外运动与拓展训练，可有效促进个体的身体素质发展和体质水平的提高，促进良好心态与意志品质形成，这一点在前面已经详细介绍，这里不再赘述。

2. 智育价值

（1）活跃思维。

户外运动与拓展训练不仅是体力与自然困难的较量，也需要考验运动者的智慧。参与户外运动与拓展训练，需要运动者在运动过程中贯彻、思考、判断、组织、领导、决策，如此才能确保每一个动作、每一次行动都能尽量做到正确，才能高效克服各种困难、完成各种复杂的任务，并最终体验到成功。

（2）提高智力。

参与户外运动与拓展训练，不仅从运动对生物有机体的刺激上可以促进运动者的智力提高，从运动经验丰富上也可以促进运动者的智力提高。

具体来说，一方面，户外运动与拓展训练中，运动者机体的血氧较安静状态要增加很多，为了适应运动，机体对血氧的利用率也会不断得到提高，如此大脑便可以获得更多的血氧供应，可以提高大脑工作效率、提高智力；另一方面，个人的认知与知识的获得量有关、与个人的阅历也有关，参与户外运动与拓展训练，可以增广见闻、丰富阅历、增长知识，对个人的智力水平提高也有重要帮助作用。

3. 美育价值

参与户外运动与拓展训练，能有更多机会与大自然接触，发现大自然中的美好事物，对于个人发现美、感知美、创造美的能力有重要帮助作用。

此外，积极参与户外运动与拓展训练，更多接触自然，通过观察环境，关注自然发展，体会到大自然的神奇的同时也能认识到自然发展的规律。野外生存、洞穴探险、漂流等户外运动项目的参与，更能让运动者体会到自然的美好，并学会对自然和当下生活的珍惜与良性回馈，这有助于个人的环保意识的提升。

（五）社会价值

1. 丰富社会生活

现代社会已经进入休闲社会，在休闲社会中，有很多的休闲方式与社会生活可供人们选择。体育运动参与是最为健康的休闲社会生活之一。户外运动与拓展训练参与对于参与者来说是对日常按部就班的生活、学习、工作的挑战，是一种生活调节剂，有助于丰富大众社会生活。

2. 引导社会风气

从人的社会活动参与和人与人的宏观社会关系来看，个体参与户外运动与拓展训练，是人与自然、人与人的一种健康的、和谐的接触与交流。

对于任何一个社会成员来说，无论是三五好友相约爬山，还是参加公司的团队建设，都能在运动中实现最自然的交流，可增加互信。

在当前全民健身、“健康中国”建设的背景下，大力推广与普及户外运动与拓展训练，更有助于整个社会形成积极、健康向上的体育健身氛围，有利于促进良好社会风气的形成。

3. 提高协作能力

户外运动与拓展训练，更多时候是以集体的形式组织运动者参与的，在整个运动团队中，各种运动任务的完成都需要团队成员之间的相互协作和积极配合，如定向越野中的小组作战、攀岩与“求生墙”中的同伴保护、野外生存与“信任背摔”中的彼此照应等，都需要与同伴进行积极地合作完成。

4. 提高交际能力

户外运动与拓展训练需要团队合作，以拓展训练为例，几乎每一个拓展训练项目都会设定一定的“故事情景”，在“故事情景”中提出问题，要求团队解决问题。运动过程中所营造的是一个与社会环境相类似的一个小社会团体，运动参与者需要积极与同伴队员进行沟通、配合、协商，最终做出决策。这样有助于锻炼和提高运动参与者的交际能力。

二、户外运动与拓展训练的特征

（一）自然性

自然性是户外运动与拓展训练的一个最为显著的特点。户外运动与拓展训练是在自然环境中进行的，运动者参与户外运动与拓展训练运动，是人与自然的互动过程。

现代社会生活节奏快、压力大，现代人比以往任何时候都更加渴望亲近大自然，而户外运动的自然运动环境正是户外运动与拓展训练备受现代人，尤其是城市居民喜爱的原因之一。

（二）探险性

户外运动与拓展训练在户外自然运动环境中开展。自然运动环境与人工运动场馆环境相比，不可控因素更多，使得整个运动过程将会受到更多的客观和主观的因素的影响和干扰，整个户外运动与拓展训练过程都会充满了更多的未知性，需要运动者在户外运动与拓展训练进行探索。

（三）挑战性

户外运动与拓展训练的户外自然环境在决定了户外运动与拓展训练具有探险性的同时，也决定了户外运动与拓展训练具有挑战性。运动者在参与户外运动与拓展训练面对前方的未知时，需要做好身心两方面的准备。

同时,也正是因为户外运动与拓展训练中各种冒险性质的运动因素的存在,才使得户外运动的参与对运动者来说具有一定的挑战性。"挑战极限,完善自我"是户外运动与拓展训练中最常用的口号,运动者可以在参与户外运动与拓展训练的过程中完成自我重塑与个人(团队)成长。

(四)集体性

户外运动与拓展训练运动项目和活动内容丰富、形式多样,多以集体组织形式进行,许多户外运动与拓展训练的运动目标和任务都非个人能力就能完成,而需要整个团队的协作。户外运动与拓展训练活动以团队的形式开展,在团队成员的共同努力下完成,团队精神和凝聚力也在参与户外运动与拓展训练的过程中得到提升。

(五)适应性

户外运动与拓展训练参与,需要运动者对自然、对团体应具有良好的适应性,同时户外运动与拓展训练自身的开展应适应自然环境的客观发展,不能破坏自然生存法则和发展规律。

第四节　户外运动与拓展训练基本常识

一、户外运动与拓展训练相关组织

(一)国际组织

1. 国际登山运动联盟

国际登山运动联盟(UIAA)成立于1932年,是国际上关于登山运动的最具权威性的非政府组织，是一个为了登山运动可持续发展而结盟的联合国国际合作组织。

UIAA是专业人士组织，一直以来都在其自身的发展过程中“强调安全，注意环保”，提高全世界登山运动爱好者的安全和环保意识，并为登山运动及其装备、器材等的发展制定国际标准，不断普及登山运动，提倡让人们自由享受攀登运动，尤其鼓励年轻人参加登山运动。

2. 国际滑雪联合会

国际滑雪联合会（International Ski Federation, FIS）成立于1924年，其前身是成立于1910年的国际滑雪委员会。FIS是国际奥委会承认的国际单项体育组织，是国际体育联合会总会成员。

1979年，我国滑雪协会正式加入FIS理事会，和FIS展开广泛合作。这一举措极大地促进了我国滑雪运动的发展。

3. 国际滑冰联盟

国际滑冰联盟（International Skating Union, ISU），简称“国际滑联”，是国际单项体育联合会总会成员，1892年在荷兰成立，总部现设在瑞士达沃斯。ISU的主要任务是增进国际滑冰运动交流与发展、提高。

1956年，中国加入ISU，此后我国的滑冰事业有序开展起来。

4.Outward Bound信托基金会

Outward Bound是拓展训练的早期组织，其在英国成立，为进一步推广拓展训练学校的建立提供了资金支持，并推动了拓展运动在全世界范围内的推广。

（二）国内组织

1. 中国户外运动协会

中国户外运动协会（Chinese Outdoor Sport Association, COSA）

是我国重要的户外运动组织，是具有独立法人地位的非营利性社会组织。

COSA 始终坚持“品质发展，用心创造；康乐之道，修身修心”的核心理念，致力于在我国推广和普及户外运动。在世界范围内，COSA 与国外各国家、地区的其他相关户外组织共同致力于户外运动组织、管理、推广，共同促进世界户外运动的发展。

COSA 在长期推广我国户外运动的发展过程中，形成了自己的文化内容体系（表 1–1 ）。

表 1–1　COSA 文化内容体系

宣传口号	外宣	要么出发，要么回家
	内炼	宽阔胸怀，激情永在
	由外而内，品质决定未来； 由内而外，生命在于运动	
价值理念	一重界	美妙人生，惬意生活
	二重界	自然怀抱，认知重生
	三重界	康乐之道，修身修心
公益精神	以“表现力、创造力、协作力”为核心品质	
	以“扶弱救人的美德、奋不顾身的崇高”为学习榜样	
愿景使命	寻找每个人的梦想和价值	
品质战略	专业化追求，协作化提升	
户外战略发展基础	一个中心	规范服务户外会员
	二个原则	应尽所能 各取所需
	三种境界	想走得快，一个人走；想走得兴，一类人走； 想走得远，一群人走
	四项动力	橙色活力、蓝色创新、绿色追求、红色行动
	五种历练	体验生命、穿越历史、挑战自我、开阔视界、 集体互助
	六种服务	责任，热情，追求，真知，践行，品质

2. 中国登山协会

中国登山协会（ Chinese Mountaineering Association，CMA ）成立于 1958 年，是我国组织、管理、普及和推广登山运动的唯一的全国性机构，是代表中国参加国际登山联合会（UIAA）及相关国际组织的唯一合法组织。

CMA 的机构设置和主要职责如图 1-1 所示。CMA 在推广登山运动发展的过程中，主要关注两个方面的工作，一是积极发展登山运动的相关项目，如攀岩、攀冰、蹦极等，举办和参与国内外相关比赛；二是鼓励大众积极参与登山活动，为推动我国全民健身的发展发挥了重要作用。

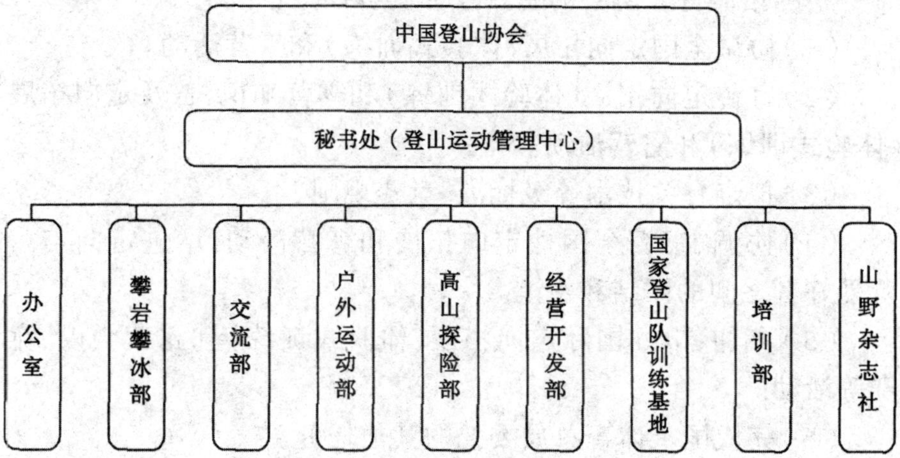

图 1-1

3. 中国滑雪协会

中国滑雪协会（China Ski Association，CSA），简称“中国雪协”，成立于 1981 年，是中国滑雪运动的全国性群众组织。

目前，CSA 所发展的主要雪上运动有高山滑雪、越野滑雪、跳台滑雪、自由式滑雪、冬季两项、雪上滑板、雪橇、雪车、雪圈、雪犁、雪地摩托等。

4. 中国滑冰协会

中国滑冰协会（Chinese Skating Association，CSA）是全国性群众体育组织，是中华全国体育总会的团体会员，是我国对外参与国际滑冰运动的国家组织。1956 年，中国滑冰协会加入国际滑联。

中国滑冰协会致力于中国竞技滑冰运动、群众滑冰运动和滑冰产业的发展，促进国家间滑冰运动的交流与合作。

5. 中国拓展行业协会

中国拓展行业协会的全称是“中国定向运动协会拓展与露营委员会”，隶属国家体育总局，是民政部批准的我国拓展业唯一合法行业组织。

中国拓展行业协会的主要业务内容如下：

（1）协调全国定向拓展（体验式训练）和露营活动。

（2）宣传定向拓展（体验式训练）和露营知识，普及定向拓展（体验式训练）和露营活动。

（3）拟定有关技术等级标准、竞赛规则。

（4）协调、组织全国性定向拓展和露营活动，增进定向与露营爱好者之间的团结和友谊。

（5）参加、申办国际定向拓展（体验式训练）和露营会议、竞赛等活动。

（6）完成国家体育总局委托的其他任务。

二、户外运动与拓展训练相关器材

结合不同类型的户外体育运动内容，应准备相应的户外运动器材。如在登山、攀岩等攀登性户外运动中，学生应携带必要的保护装置、升降器材等。

参与户外运动期间，器材准备和穿戴应有专业运动员和教师的指导，以确保学生在户外运动过程中的运动安全。

（一）一般装备

1. 刀具

户外运动中不少体育运动项目会使用到刀具。刀，在户外自然环境中具有重要作用。不同的刀具形制，作用不同，运动者可根据需要携带。

2. 钳子

钳子在户外用途广泛，具有小巧、重量轻、易携带、用途广的特点。

3. 行军锹

行军锹也是运用广泛的户外运动工具，挖坑、攻击和防御动物都会用到。

4. 灯具

户外常用灯具有两种作用：照明和求生。

5. 信号工具

（1）哨子：发求救信号。

（2）信号枪：发信号弹，但需经过相关部门的批准才能使用。

（3）气球：可发出信号，储存防潮，还可以用于装水、漂浮、捆绑、止血等。

（4）反光镜：借太阳光发求救信号。

（二）定向装备

户外野外生存、定向越野，需要准备一些定向准备。常用装备如下：

1. 指南针

（1）指示方向：将指南针水平放置，观察指针，标有“N”的黑色一端所指方向为北方。

（2）确认目标方向：指南针水平静止，目标、0 刻度和磁针中点在同一直线上，N 端是目标方位。

2. 罗盘

罗盘可指示方向，确定位置、测量距离，使用方法与指南针的使用相似。

3. 手表

（1）判断时间。

（2）指示方向。根据“时数折半对太阳，‘12’指北”的原则来确定方向。

4. 金属丝

运用金属丝辨向，先将细金属丝在头发、化学纤维上摩擦产生极性，悬吊金属丝，金属丝静止后可指示出南北。

5. 卫星定位系统

卫星定位系统（Global Positioning System，简称 GPS）是目前较为先进的定位仪器，按照说明书进行操作。

（三）攀登装备

1. 保护性装备

户外运动的登山、攀岩、洞穴探险都需要用到保护装备，包括主绳、安全带、铁锁、头盔、保护器、上升器等。

在拓展训练中，参与者的上升、跳跃、通过、下降、背摔等都需要训练保护。这种保护需要通过绳索和一些器械连接完成，包括“8”字环、上升器、下降器、水上救生衣等。

使用保护装置前，应仔细检查是否牢固。

2. 辅助性装备

攀登类辅助性装备主要包括攀登鞋、镁粉、粉袋等。

在登山运动、向上攀爬的活动中，为了更好地增加运动体验感，尤其是对于初次参与者来说，需要一些辅助性工具来使整个运动过程更加安全、更加容易操作。同时，这也可以消除运动者对运动的各种紧张心理。

第二章　户外运动与拓展训练的科学理论基础

户外运动与拓展训练大多是在大自然环境下进行的，对人的体能素质要求较高，同时也存在着较大的安全风险。因此，学习和掌握有关的科学理论是非常有必要的。本章就重点探讨与户外运动与拓展训练有关的运动生理学、运动心理学、运动学、教育学等学科理论，以为运动者参与这项运动提供科学的理论保障。

第一节　运动生理学基础

户外运动与拓展训练对人的体能素质要求较高，因此在参加训练之前一定要做好充分的身体准备。人们在进行身体素质的训练之前一定要掌握科学的生理学基础，了解影响身体素质训练的各项因素及基本原理，从而保证运动训练的科学性和有效性。

一、运动生理学的基本原理

（一）代谢原理

人体的存在与发展离不开新陈代谢，一旦离开了新陈代谢，人的生命活动也便无法进行，更不用谈运动训练了。由此可见，人体新陈代谢的作用和意义非常重大。运动者在参加户外运动或拓展训练的过程中，需要遵循一定的人体代谢原理，其中物质代谢与能量代谢是最为重要的两个方面。在运动训练过程中，运动机体所承受负荷需要消耗大量的能量，要想保证运动训练的顺利进行就必须要进行能量的补充。和人体安静时的状态相比，运动过程中，人体内的物质代谢和能量代谢会比平时更加强烈，这时自然会消耗大量的能量。从事有效的运动训练能够提高人体组织细胞内酶系统的适应性，使酶的活性得到提高，从而进行促进人体的物质代谢过程和能量代谢过程，使能量和物质的恢复更加充分，从而达到比锻炼前更高的水平。另外，在进行运动训练时，能量的供应也是运动机体得以运行的重要保证。

在人体生长的不同阶段，物质代谢和能量代谢分别起着至关重要的作用。在青少年时期，同化作用占优势，人体内物质合成的速度远大于物质分解的速度，从而使得人体不断地生长发育；随着年龄的不断增长，成年时期，同化作用与异化作用基本上处于一个平衡状态，新陈代谢非常旺盛，机体充满活力；而发展到老年时期，异化作用占优势，身体机能逐渐呈下降趋势，身体素质也随之降低。通过对不同年龄阶段，人体机能发展规律和特点的了解与掌握，能帮助我们科学地控制运动训练过程，采用合理的手段与方法进行运动训练，从而提高运动训练的效果。

（二）应激原理

应激是指人体对外部强负荷刺激的一种生理和心理的综合反应。当人体受到外界一定的刺激时，就会产生紧张的情绪，这种心理状态称为应激。运动员在参加运动训练的过程中，要想不断提高运动水平，就必须合理安排运动负荷，并采取各种手段打破机体对原有负荷的平衡状态，在机体适应后再提高运动负荷，长此以往就会获得“超量负荷”效果。而应激学说是超量负荷原理的生理基础。因此，在参加运动训练时，一定要了解和掌握这一原理，以指导自己的训练活动。

（三）超量恢复原理

人体在经过长时间的运动训练后，能量物质恢复不仅能回到原有水平，而且在达到安静水平后并没有停止，而是继续补充，在一段时间内的能量物质恢复可超过原来贮备水平，比运动前的能量物质的储备量还要多，这种现象叫"超量恢复"。具体而言，运动时体内代谢过程加强，在运动中及运动停止后能量物质都在不断进行补充和恢复，只是运动中的能量消耗大于补充，恢复曲线呈下降趋势；运动后的体内能量消耗慢而小于补充，恢复曲线呈上升趋势（图 2–1）。

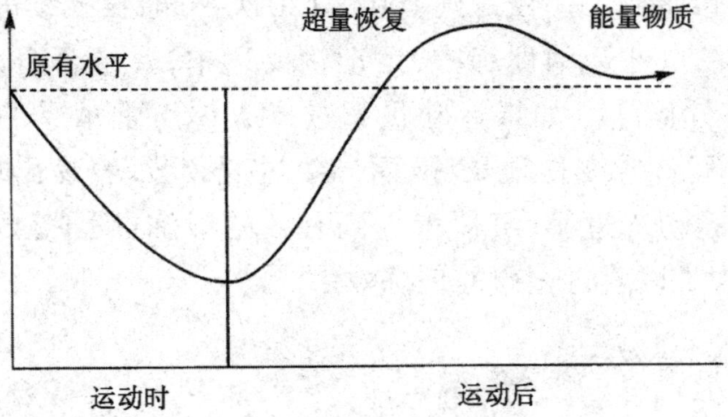

图 2–1

通过研究发现，超量恢复现象并不是在运动员恢复期时始终存在的，而是保持一段时间后又回到原有水平。运动员在参加运动训练的过程中，运动强度会对机体的能量消耗产生一定的影响也会影响超量恢复的强弱，通常情况下，大运动强度才更有利于超量恢复效果的获得。

超量恢复是运动生理学的重要原理，学习和掌握这一原理有利于人们认清运动训练的实质，有利于运动员运动水平的提高。在户外运动与拓展训练中，运动者一定要结合自己的具体实际安排好负荷量，循序渐进地加大运动负荷，尽可能地促进超量恢复的出现，从而获得理想的训练效果。

在户外运动训练中，运动者要想实现超量恢复，获得理想的训练效果，需要注意以下几个方面的要求：

（1）一般情况下，运动量越大，人体内各器官和肌肉的功能动员得就越充分，所消耗的能量物质就越多，超量恢复也就越显著。如果运动量较小，运动强度不高，就很难产生明显的超量恢复。

（2）在进行户外运动训练的过程中，运动者一定要掌握好间歇的时间。间歇时间要根据自己的身体情况而定，间歇要充分，否则会影响接下来的运动训练，甚至还会影响身心健康发展。

（3）要掌握好两次练习的间隔时间，通常情况下，可以通过测定心率的方法来确定间歇时间，如运动后的心率达到140～170次/分，可以等到心率恢复到100～120次/分时再继续进行训练。

（4）在户外运动训练中，运动量要适中，要结合个人的特点和身体条件而定。如果运动量超过了人体正常承受的范围，整个恢复过程就会变得很长，从而导致过度疲劳，容易出现运动损伤；如果运动量过小，身体得不到有效的锻炼，就不利于超量恢复的出现，难以获得理想的训练效果。

（四）训练负荷原理

运动者身体素质和运动水平的提高都是在运动训练过程中不断承受和适应训练负荷来逐步实现的，因此说，通过机体的不断适应来提高机体的运动能力和运动负荷的适应能力，就是运动训练负荷原理。

在户外运动训练中，遵循训练负荷原理应注意以下两点要求：

（1）运动者在参加运动训练的初期，为尽快进入运动状态，通常以增加负荷量使机体的适应过程逐步实现。而在运动水平得到进一步提高，进入专项训练阶段后，主要以提高负荷强度刺激来加深运动员的机体适应过程。

（2）每一名运动者的身体素质和运动水平都是不同的，因此要根据每个人的具体情况确定合理的运动负荷，这样才能取得理想的训练效果。

（五）训练适应原理

在参加户外运动和拓展训练时，运动者首先要学习和了解运动训练的适应原理。运动训练适应主要是从生理学的角度来看的。运动训练适应过程主要包括以下几个阶段：

（1）刺激阶段。在户外运动训练初期，运动者身体会受到各方面的刺激，这一阶段就是刺激阶段，运动机体需要一定的刺激才能进行接下来的步骤。

（2）应答反应阶段。在这一阶段，运动者机体在运动负荷的刺激下，身体各系统都会产生一定的兴奋，并将兴奋传输到机体各个器官中，最后促使机体进入运动状态，以实现机体的应答反应。

（3）暂时适应阶段。进入应答反应阶段后，运动机体在持续一段时间的刺激后，身体机能会慢慢进入良好的工作状态，人体各项生理指标都呈现出稳定的状态，因而运动机体进入暂时适应阶段。

（4）长久适应阶段。在经过短暂的适应后，运动机体就会进入长久适应阶段。长久适应阶段是使各相应的机能系统和组织器官在各种外部刺激的基础上产生较为明显的身体结构和机能方面的改造。在这一阶段中，运动机体的各项功能会得到逐步完善。

（5）适应衰竭阶段。当运动者训练不当或受某种客观不利因素的影响时，运动者的身体机能就会出现一定的衰竭情况。这就是运动机体的适应衰竭阶段。

根据运动训练的适应原理，要想获得预期的训练效果，就必须要按部就班地坚持长期训练。通过长期的训练，机体在形成训练适应后，反应就会越来越小，最终运动负荷不再能引起机体能力的提高。为了使机体进一步发展，应增加运动负荷使机体产生新的适应。机体的训练就是从不适应→适应→负荷增加后的不适应→再次适应……如此反复，才能逐步提高运动水平。这就是运动训练适应原理。运动员在参加户外运动训练时一定要了解和掌握这一原理,并能将其充分应用于训练实践中,从而保证运动训练的科学性和有效性。

(六)运动素质转移理论

运动员的一般运动素质与专项运动素质之间的关系非常密切,二者相互影响、相互促进。一般运动素质是专项运动素质的基础,专项素质的提高有赖于一般素质,而专项素质的提高反过来也能促进一般素质的发展。在各项运动素质中,受各种因素的影响,会发生一定的运动素质转移现象。运动素质的转移,主要是指某些素质的发展会引起其他素质的发展,为了能够取得理想的训练效果,运动训练者应熟练掌握运动素质转移的基本理论及内在规律。

运动员参加户外运动和拓展训练时需要各种身体素质的参与。如登山和攀岩需要运动者力量和速度的参与,需要运动者具备出色的爆发力;潜泳运动则需要运动员具备良好的力量素质和耐力素质,二者共同形成力量耐力。

运动者在参加运动训练的过程中会发生一定的运动素质转移,导致这一情况的主要因素包括有机体的整体性、动作结构的相似性以及能量供应来源的同一性。各项运动素质的转移及其关系的生理生化基础是决定运动素质转移的内在机制。

运动者参加户外运动和拓展训练的过程中,要注意运动素质的转移规律,遵循这些转移规律,促进不同身体素质之间的良性转移,从而促进运动者运动能力的提高。

二、运动训练的生理学本质

大量的研究与实践表明,运动过程中,身体练习对人体施加一定的生理负荷刺激,可引起机体各器官系统在生理功能和形态结构方面产生一系列的连锁性运动条件反射。因此,运动技能是连锁性的运动条件反射，运动技能的获得需要经历复杂的过程。

运动的生理机理是以大脑皮质活动为基础的暂时性神经联系。因此，可以认为，人体掌握运动技能的生理本质就是人体建立运动条件反射的过程。

（一）运动技能的形成过程

在户外运动训练中，运动者学习和掌握运动技能需要经历一个系统的学习过程，这一过程主要包括泛化过程、分化过程、巩固过程和自动化过程四个阶段。

1. 泛化过程

泛化过程属于运动者学习技能的第一个阶段。在运动训练初期，新的练习引起的刺激，传入皮层各有关中枢。因分析功能尚不精确，表现为动作僵硬，不协调，出现多余的动作，能量消耗多而有效动作少，动作时机掌握不准确。

2. 分化过程

通过长期的学习和训练，运动员的运动技能会获得逐步的改进，其大脑皮层运动区的兴奋、抑制过程在时空上的分化日趋完善。由此，泛化过程中的表现逐渐消失，初步形成运动动力定型。但由于稳定性不够，动作在新异或强烈刺激的干扰下易遭到破坏，会再次出现多余、不协调甚至错误的动作。

3. 巩固过程

运动训练期间，运动者坚持长期、系统、科学的技能训练，通过反复练习，使运动动力定型更趋巩固，动作更精确、更协调、更省力，动作细节也正确无误，某些环节还可在脱离意识控制下完成，即初步形成自动化。此时，即使在不利条件下运动形成也不至于遭到破坏。

4. 自动化过程

运动者所掌握的运动技能在经过不断的巩固和发展之后，其运用运动技巧的程度也会不断提高，这时就可出现一定的自动化现象，即练习某一套动作时，可以在脱离意识的情况下自动地完成。

需要注意的是，运动者的技能学习的生理学本质为条件反射，但是其与动物的条件反射有着本质的区别，技能的学习包含着运动者的理性思维和思考。运动者肌肉的本体感受性冲动（传入冲动）在条件反射的过程中发挥了重要的作用，如果没有这种本体感受性冲动，就不能强化条件刺激，进而，由运动中枢发放神经冲动传至肌肉效应器官引起活动的复杂过程条件反射就不可能形成，也就不能够掌握运动的技能。

（二）运动技能的储存、再现与校正

运动者在经过长期的训练后会将已经学会的动作技能信息储存在大脑皮层的一般解释区和小脑。当需要做出相应的动作时，即大脑皮层有关部位需要该套程序发动运动时，首先自小脑中提取该套程序，然后复现该运动动作，此时所完成的动作是已经程序化了的，因而十分协调精确。

运动者在学习运动技能的过程中，其需要对肌肉的用力状况、用力时间、协调功能等不断进行改正，如做某一动作时，用力太大了需要减小，用力慢了需加快。这种从动作完成过程中的感觉或结果反过来再校正动作的过程，就是运动技能的校正，也就是运动生理学中的反馈原理。

对于一名专业的运动员而言，要想提高运动技能，就需要善于运用反馈原理。运用反馈原理收集并理解机体对技能动作学习的反馈，这对动作技能的发展和提高是非常有帮助的。

第二节 运动心理学基础

一、运动训练与动机

(一)动机的含义

动机对于运动员参加运动训练而言具有非常重要的意义,它是推动一个人进行活动的重要心理动因或内部动力。它能引起并维持人的各种活动,将该活动导向一定目标,以满足人的某种理想和愿望。因此可以说,动机是个体的内在过程,行为则是这种内在过程的结果。运动员在参加运动训练时一定要明确自己的训练动机,这样才能从意识上重视运动训练,提高运动训练的效率。

综合来看,动机主要有以下三个方面的作用:

第一,始发作用,即一定的动机可以引起个体的某种活动。

第二,指向或选择作用,即一定的动机可指引活动向某一目标进行或选择活动的方向。

第三,强化作用,即动机是维持、增加或制止某一活动的重要力量。

从心理学上来看,关于动机的解释主要是从“方向”和“强度”来理解。“方向”与一个人选择的目标有着直接的关系,即人为什么要做某件事;“强度”则与一个人激活的程度有关,即为了实现某一目标,需要付出多大的努力。

(二)动机的分类

一般来说,动机主要有以下几个类型:

1. 依据需要的性质划分

（1）生物性动机。即以生物性需要为基础的动机，如因饥饿、口渴而产生的动机。

（2）社会性动机。即以社会性需要为基础的动机，如希望提高自己人际关系的动机，希望获得某种成就的动机等。

2. 依据兴趣特点划分

（1）直接动机。即以直接兴趣为基础，指向活动过程本身的动机。对于一些运动员而言，他们参加某项运动，仅仅是对这项运动有着浓厚的兴趣，认为通过参加这项运动能满足自己的成就感，这种训练动机就属于直接动机。

（2）间接动机。即以间接兴趣为基础，指向活动结果的动机。有的运动员对运动本身不感兴趣，之所以参加运动训练仅仅是因为实现某一目标所必须克服的困难，这种动机就属于间接动机。

3. 依据情感体验划分

（1）缺乏性动机。即以排除缺乏和破坏、避免威胁、逃避危险等需要为特征，主要包括生存和安全的一般目的。在这种动机的指引下，运动主体一旦实现了既定的目标，这种动机就会大大减弱。如有的运动员迫于成绩的压力刻苦训练，有的运动员为逃避训练而谎称有伤病等，这些都属于缺乏性动机。

（2）丰富性动机。即以经验享乐，获得满足、理解和发现，寻找新奇，有所成就和创造等欲望为特征的动机。丰富性动机与缺乏性动机完全相反，它往往趋向张力的增强而不是张力的缩减，渴望追求刺激，而不是逃避刺激。一旦运动主体的需要得到满足，动机往往得到加强。因此，在丰富性动机下，人的欲望能得到极大的满足。如人们做某一件事情，都是渴望追求刺激，期望获得快感和满足感，而不是避免刺激。有的运动员之所以积极参加运动训练，就是因为运动训练能使他们获得一定的满足感和成就感，这些动机就是所谓的丰富性动机。对于运动员而言，在参加户外运动和拓展训练时要尽可能地建立这种丰富性动机。

4. 依据动机来源划分

（1）内部动机。一般情况下，内部动机主要是以生物性需要为基础，通过积极参加某种活动，展示自己的能力，实现自己的价值，从中能获得极大的满足感和成就感。这种动机对人具有强烈的激发作用，其行为动力主要来自主体内部的自我动员。例如，某一名运动者喜欢登山运动，即使失败了也会屡败屡战，去挑战自我的极限，这种内部动机的力量是巨大的。

（2）外部动机。外部动机是指来源于客观外部原因的动机。通常来说，外部动机以社会需要为基础，人通过某种活动获得相应的外部奖励或避免受到惩罚以满足自己的社会性需要。在外部动机的驱使下，个体行为的动力主要来自外部的动员力量。例如，某运动员参加运动训练并取得了一定的成绩并得到了大家的赞扬，同时也获得了一定的物质奖励，这种赞扬和奖励会对其形成一种较大的动机，促使其更加积极主动地参加运动训练。

（三）动机产生的基本条件

人们参加各种活动总会有一定的动机，动机产生的条件主要表现在内部与外部两个方面。

1. 内部条件

一般来说，引起动机的内部条件是人的某种“需要”。人的各种动机就是由需要构成的，如有的运动员出于兴趣和爱好而参加户外运动或拓展训练，而有的运动员则是出于生活或职业的需要而参加这项运动。

2. 外在条件

外在条件也是引起运动员动机的重要条件，其中“环境”是重要的外在条件之一。各种生物性和社会性因素都属于重要的外在条件，这一外在条件对运动员的动机具有重要的影响，如运动者若长期处于较差的舆论环境下，就会在一定程度上影响其运动训练的动机。

二、运动训练与应激

每一名运动员都是不同的，都存在着一定的差异，如身体素质、运动能力、社会适应能力等。以上这些方面都会使运动员在参加运动训练的过程中产生相应的应激反应。因此，科学控制这些应激反应，及时调整运动员不良行为，对于提高运动训练质量具有重要的意义。

（一）应激的概念

应激是指个体对应激源或刺激所做出的相应反应。一般情况下，根据个体对应激的不同认知，应激反应主要分为积极的应激和消极的应激反应两种。

例如，运动员在参加户外运动或拓展训练时，如果没有实现既定的目标，运动员就会感到沮丧，出现不良的应激反应；如果实现了预期的目标则会情绪激动，出现良好的应激反应。

（二）运动训练与应激控制

大量的研究与实践表明，除了改变人们对事物的认识观念控制应激外，有规律的、低中等强度的运动训练也能有效抑制消极应激反应。

1. 适度运动训练与积极应激

应激能在一定程度上引起人体的本能反应。当产生应激时，人体内动员能量的交感—肾上腺机制，血液中儿茶酚胺水平升高，所动员的能量就会得以释放。可以说，释放能量就成为人们对抗应激的一种重要手段。参加户外运动和拓展训练，人们既可以锻炼肌肉，又可以有效提高心肺能力，对于缓解不良情绪，改善心态也具有非常重要的作用。

2. 过度运动训练与心理耗竭

心理耗竭是在人的紧张情绪和精神压力下而形成的一种心理现象。心理耗竭对人的心理健康十分不利。总的来看,心理耗竭的生理症状主要有安静时心率增加、肌肉疲劳、失眠等。在这样的状态下,运动员会非常反感和排斥参加运动训练。

因此,运动者在参加户外运动和拓展训练时,一定要结合自身的特点和具体实际合理选择运动负荷,保持身心平衡,以免因强大的训练压力而发生心理耗竭现象。

三、运动训练中的心理过程

通常情况下,运动员运动训练的心理过程分为以下三个阶段:

(一)认识过程

认识过程是指人在认识客观事物的活动中表现出来的各种心理现象。它包括感知觉、思维等过程。

1. 感知觉

(1)感觉。感觉是在事物的直接影响下,脑对于事物个别属性的反映。例如,听声、看色等都属于感觉。

(2)知觉。知觉是在事物的直接影响下,脑对事物整体的反映。例如,当运动员在参加登山运动时,陡峭的山峰会对运动员形成一定的冲击,这就属于知觉过程。

感觉和知觉具有一定的差异,但它们都同属于认识的开端和起点。运动员要想更好地参加户外运动和拓展训练,首先就要具备良好的感知觉能力,这样才能在运动中感知动作和各个动作之间的微小区别,及时发现错误动作并加以纠正,从而提升运动训练的质量。

2. 思维

思维是人脑对事物本质及规律性的认识活动，它属于一种非常复杂的头脑加工过程。如运动员在参加户外运动和拓展训练时，他能很快地学会某一运动技能，但要想进一步巩固和提高这一运动技能则需要通过思维掌握这种运动技能的本质和规律，然后加以坚持不懈的训练。而在参加某项比赛活动时，运动员则必须要具备敏捷的思维能力，这样才能做到随机应变，及时有效地处理紧急情况。

（二）情感过程

情感是人对客观事物是否符合自己的需要而产生的一种心理体验。一般来说，情感主要包括积极的情感和消极的情感两个方面。不论是对于一般的运动爱好者还是专业运动员都要尽可能地建立积极的情感，这样才有利于以饱满的精神投入到运动之中。

运动员在参加训练或比赛的过程中，有时会成功，有时也会失败，成功与失败经常转换，当出现这两种情况时，运动员的感情就会发生激烈的变化。一般情况下，积极的情感会使运动员力量倍增，消极的情感则会使运动员消极乏力。因此，作为一名运动员一定要注意积极情感的培养。

经常参加户外运动和拓展训练能帮助运动者充分体验到运动以及竞赛中情感的特点，从而学会控制和调节自己的情感，并将这种能力充分应用于日常生活和工作之中，这对于人的身心发展是非常有利的。

（三）意志过程

意志是指人们为了实现预期的目标而支配自己的行为，并在运动时自觉克服困难和挫折从而实现任务和目标的心理过程。在强烈的意志推动下，人们往往能做出异于平时的举动，运动员往往能超常发挥，取得优异的比赛成绩。

户外运动以及拓展训练中的大部分项目对人的体能素质要求较高,长时间参加这些运动能极大地消耗人体的生理能量,同时运动者参加这些活动还必须要具备高度集中的注意力和敏捷的思维,这在运动期间会消耗运动者大量的心理能量。因此,没有一个优良的意志品质是难以完成这项运动的,运动者必须要将培养和提高自己的意志品质作为平时训练的重要内容。

四、影响户外运动与拓展训练的心理因素

(一)运动知觉

运动知觉是指人脑对外界事物和人体自身运动状态的一种反应。其中,速度感觉、肌肉感觉、用力感觉等都是几种非常有用的运动知觉。不论人们参加何种类型的运动,运动知觉都是必不可少的。总的来说,精确的运动知觉在运动者参加户外运动和拓展训练中发挥着非常重要的作用,其可以确保运动员各种动作的准确性,保障运动安全。

(二)心理定向

心理定向是指动作开始以前以及完成动作过程中心理的准备状态和注意的指向性。心理定向对于运动员掌握和提高运动技术具有非常重要的帮助。良好的心理定向能帮助运动员及时调整心理状态,有利于帮助运动员准确合理地完成技术动作,从而完成训练任务。

运动者在参加户外运动和拓展训练的过程中,不同的运动方法会引导其形成不同的心理定向,进而会对运动员的动作风格产生至关重要的影响。

(三)情绪

情感是人体对客观事物是否能够满足自己的需要而产生的体验。情绪是情感体验过程的具体形式。

大量的研究与实践表明,情绪对于运动技术动作的掌握具有非常重要的作用。一般来说,良好的情绪能使人体运动能力进一步提高,而不良的情绪则会产生显而易见的“减力”作用,具体表现为精神不振、无精打采、心灰意冷、注意力不集中等。

因此,情绪对运动者参与户外运动训练会产生很大的影响。如果运动者在情绪不稳定的情况下进行户外运动训练,又不能很好地控制自己,则其很难掌握好动作。而如果情绪稳定,在良好的心理状态下参加运动训练则有利于取得理想的训练效果。

(四)注意力

注意力是心理活动对一定对象的选择性指向和集中,是一种心理状态。人们在参加任何活动的过程中都需要保持高度集中的注意力,这样才有利于取得预期的目标。

相关研究与实践表明,经常参加户外运动或拓展训练,人的大脑会最快进入最佳学习状态,在增强身体素质的同时,还能促进人体细胞之间的联系。大脑细胞之间的联系越紧密,运动接受新知识的速度也就越快。因此,集中注意力对于运动者参加户外运动和拓展训练具有非常重要的意义。

(五)意志

意志是人为了实现既定目标而支配自己的行动,并且在行动时自觉克服困难的一个心理过程。人们在参加各项活动的过程中,意志与行动是统一在一起的,相互发生作用。

经常参加户外运动和拓展训练不仅能增强人的体质,还能培养人们顽强的意志品质。人们所具有的坚强意志品质对其掌握运动技能,增强身体素质等有着很好的促进作用。

具体而言，意志对于人们参加户外运动和拓展训练具有以下重要的作用：

（1）对于初次参加登山、攀岩等户外运动的人而言，难免会有一定的紧张，在这样的情况下，通过意志运动者能够满足完成动作的需要。

（2）在平时的户外运动训练中，运动者需要高度集中注意力，克服各种困难完成训练任务。

（3）长时间的户外运动训练容易导致运动疲劳，甚至是运动损伤，而意志坚强者则相对更容易克服因损伤而产生的消极情绪，投入到正常的运动训练之中。

（4）一些户外运动项目，动作强度大、危险性高，运动者通常会产生一定的畏惧心理，而坚定的意志则有助于人们克服这种畏惧心理，促使人们正常的参与到训练中。

第三节　运动学基础

人们参加户外运动和拓展训练需要理解和掌握一定的运动学理论，这能为人们科学参与户外运动提供重要的帮助。

一、人体运动的基本形式

在对人体运动进行讨论时，经常将其分为质点运动和刚体运动两方面来开展研究。具体如图 2–2 所示。

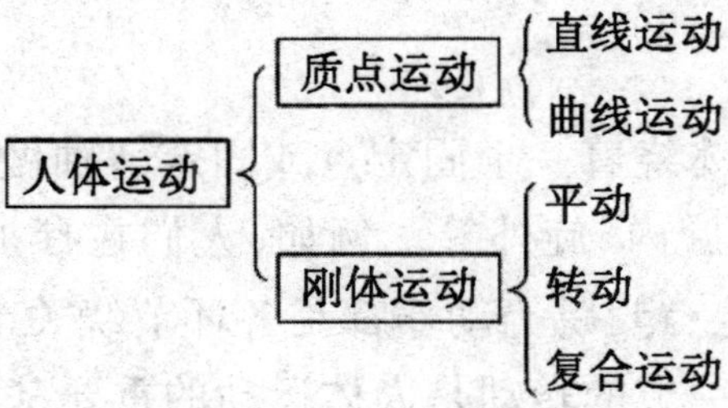

图 2–2

（一）直线运动和曲线运动

1. 直线运动

所谓直线运动，即为人体或器械始终处在一条直线上的运动，即质点运动的轨迹是一条直线。一般情况下，在人体运动中很少存在着纯粹的直线运动，只有近似的直线运动。一般将直线运动分为变速直线运动和匀变速直线运动两种。在登山等户外运动中这两种形式都普遍存在。

2. 曲线运动

人们在参加运动的过程中，如果将人或器械作为质点，则其运动的轨迹对选定的坐标系来说，是一条曲线，这种运动被称为曲线运动。在曲线运动中，当速度的大小、方向、加速度发生变化时，需要强调其各物理量的矢量性。曲线运动较多，如足球的飞行轨迹、人体起跳腾空后在空中的轨迹等。

在曲线运动中，圆周运动是较为简单的一种特殊形式，其还包括螺旋曲线运动和斜抛物体运动等。

（二）平动、转动和复合运动

1. 平动

如果在运动过程中，刚体上任意两点的连线保持平行，而且长度不变，那么这种运动就叫做平动。例如，轮滑运动中姿势维持阶段。刚体平动时，可视为质点运动，分为曲线平动和直线平动。

2. 转动

转动是指物体绕着一个固定点或固定转轴做旋转运动，如髋关节和肩关节的旋内、旋外等。例如，人们在参加户外运动和拓展训练中，各种走、跑、跳等动作都是各环节绕关节轴转动而实现的，因此，人体各关节的转动是人体运动的重要基础。

3. 复合运动

复合运动是相对较为复杂的运动，其不是单纯的平动或转动，其包括身体重心的平动以及肢体其他部位绕重心的转动。

二、人体运动的力

力是物体间的相互作用，当力作用于物体时，会产生一定的效应。通过施加力，物体会发生一定的加速度、形变等各方面的变化。根据力学理论，可以将力分为力的大小、力的方向以及力的作用点三个方面。

（1）力的大小。在运动员参加运动的过程中，作用于物体的力的大小不同，则会产生不同的效果。在很多运动项目中，人体力量的大小以及作用器械上的力的大小能在很大程度上影响运动的效果。

（2）力的方向。力是具有方向性的矢量，在对其进行研究时，可将力的方向用箭头表示，箭头所指的方向即为力的方向。大多数时候，物体运动是多力共同作用的结果，力的合成与分解应遵守平行四边形法则。

（3）力的作用点。同样的力作用在不同作用点上，产生的效应也明显不同，如在踢足球时，力作用在球的不同位置，可能使球发生不同的旋转，甚至改变球的方向。

（一）人体运动的内力与外力

1. 内力

人体各部分之间的相互作用力被称为内力。一般来说，人体的内力主要包括肌力、韧带张力、骨应力等几个部分。这些内力中，肌力是人体的主动力，并且是可控制的。在内力的作用下，人体各个部位实现运动。

2. 外力

人体是一个力学系统，外界作用于人体的力即外力。人体在运动时，所受到的外力是多种多样的，主要包括重力、摩擦力、空气阻力、地面支撑力等。

（1）重力。重力即地球对物体的引力。在地球上的物体都会受到重力的影响，其与物体的质量具有重要的关系。物体受到的重力与物体的质量成正比。物体所受重力的方向与重力加速度的方向一致，垂直于水平面指向地心。物理学认为，重力是一个质量力，它均匀地分布作用在物体的质量上。重力是地球对于物体的吸引力的大小，同一物体在不同的维度或高度上，其所受的重力会有略微差异。

（2）摩擦力。物体在进行运动时，其与接触的物体之间发生的阻碍相对运动和运动趋势的相互作用力即摩擦力。通常来说，可将摩擦力分为静摩擦力和滑动摩擦力两种形式。

（3）弹性力。所谓弹性力，即当物体发生形变时，要恢复原来的形状而作用于与它相接触的物体上的力。弹性力发生在相互接触的物体之间，并且物体发生了形变。在登山、攀岩等户外运动中，运动员的弹性力就得到了充分的展现。

三、户外运动训练与人体运动系统

（一）户外运动训练与人体肌肉

一般情况下，人体的肌肉主要分为骨骼肌、平滑肌和心肌三种类型。其中，骨骼肌主要受运动神经的支配；而心肌与平滑肌则主要受植物神经的支配。这三种肌肉类型对人体运动都具有非常重要的作用。

1. 肌肉的基本结构与类型

(1)肌肉的基本结构。

肌肉在人体运动系统中占据着非常重要的地位,它是人体运动的重要动力源泉。如图 2-3 所示,人体的整块肌肉实质上是由无数形状为细长状的肌细胞组成,肌细胞也被称作为“肌纤维”。肌纤维外层均有一层结缔组织构成的超薄薄膜包裹,称为“肌内膜”。数条肌纤维靠拢凑近,构成肌束,肌束表面也有肌束膜包裹。无数的肌束最终组成从外表看到的一块块肌肉的形象,肌肉外面仍旧有结缔组织膜,称为“肌外膜”。

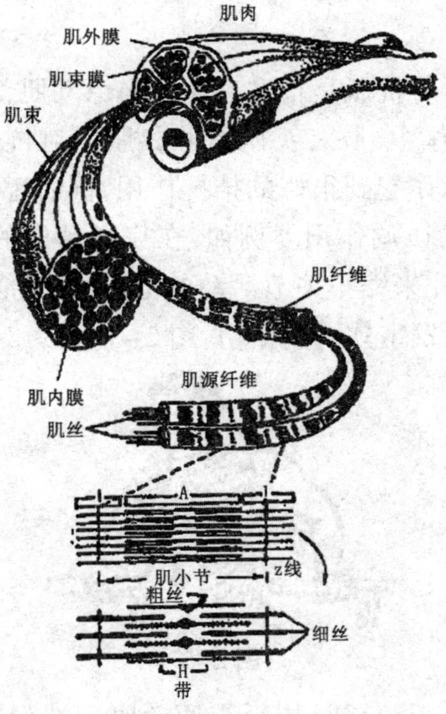

图 2-3

(2)肌肉的类型。

①原动肌。原动肌是指机体直接完成动作的肌群。一般来说,原动肌可分为两种,即主动肌和次动肌。主动肌是指在完成动作的过程中起主要作用的原动肌,如“弯举”动作中的肱肌与肱二头肌。次动肌是指帮助完成动作或在动作某个阶段收缩的次要

的原动肌，如“弯举”动作中的肱挠肌、旋前圆肌等。在做持哑铃双臂弯举的动作时，肱肌、肱二头肌、肱桡肌和旋前圆肌等是整个动作的原动肌，如图 2-4 所示。

图 2-4

②对抗肌。对抗肌是指在动作中与原动肌作用相反的肌群，如在“弯举”动作中，肱三头肌是肱二肌的对抗肌。对抗肌既可以对原动肌的动作起到很好的拮抗作用，同时也可以对原动肌的工作起到较好的协调作用。例如，在完成动作的结束阶段，对抗肌收缩紧张，以此来缩小关节活动的范围，并延缓运动的速度，从而避免关节周围发生软组织损伤（图 2-5）。

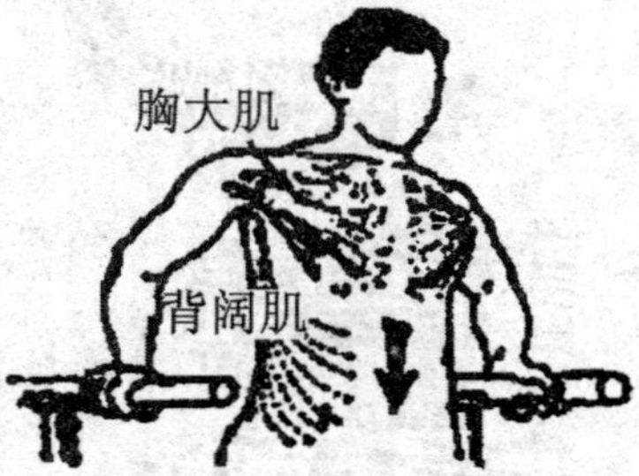

图 2-5

③固定肌。固定肌是指固定原动肌一端附着点所在骨的肌肉。固定肌使主动肌的拉力方向朝着它们的固定点，其作用是使肌肉的拉力方向保持一定。其中，固定肌的运动主要有两种具体情况：

第一，作用相反的两群肌肉共同作用，其目的是保持人体关节的稳安。

第二，肌肉与某些外力共同作用，促使人体做出各种动作。

例如，在做“飞鸟展翅”动作练习（图 2–6）时，大腿肌肉、腰背肌肉与重力互相作用，固定躯干与骨盆。

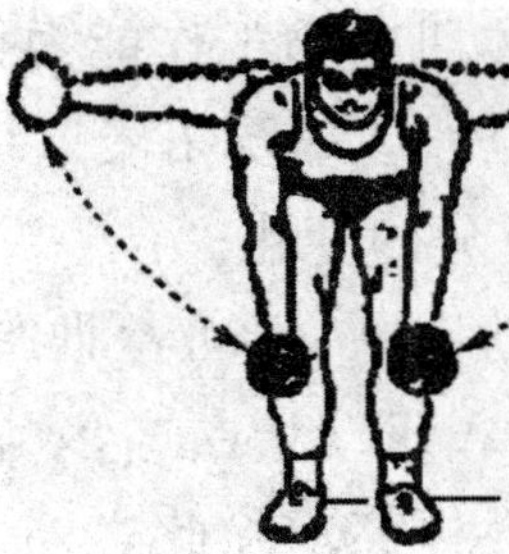

图 2–6

④中和肌。一般情况下，机体中和肌的工作具体有以下两种情况：

第一，有时两块原动肌有一个共同的作用，但其第二个作用是互相对抗的。

第二，当原动肌发挥多种功能时，别的一些肌肉参与工作，抵消原动肌的一些功能，使动作更准确，这些肌肉称为中和肌。

2. 户外运动训练对人体肌肉的影响

（1）增大肌肉体积。

通过参加各种形式的户外运动，人体肌肉能产生大量的刺激，能够增大锻炼部位肌肉的体积，这主要是由于肌肉在锻炼过程中，其肌纤维增粗和数目增多而造成的。

（2）降低肌肉中的脂肪含量。

个体体内脂肪积累过多，必然会对其身体活动产生一些不利影响。特别是长期不参与运动锻炼的人，其肌肉表面和肌纤维之间会出现脂肪的堆积。在锻炼过程中，肌肉内的脂肪会在肌肉收缩时产生摩擦，降低肌肉收缩的效率，增加身体运动负荷。而通过长期的户外运动训练，则可以有效减少肌肉的脂肪，提高肌肉的收缩效率。

(3)增加肌肉中的毛细血管。

通过户外运动训练,运动者骨骼肌内的毛细血管在数量或形态上会发生一定的变化,使肌纤维之间的毛细血管平均分配数量增多,在这样的情况下,人体肌肉的工作能力得到大大增强,从而有利于运动者更好地参加户外运动及拓展训练。

(4)促进肌肉中化学成分的变化。

坚持长期参加户外运动训练,运动者肌肉内的化学成分会发生一定的变化,如肌球蛋白和肌动蛋白增多,在这种情况下,运动者的肌肉收缩能力得到有效提高。除此之外,运动使机体内的肌肉内水分也会增加,肌肉力量不断增长。这些对于运动者参加户外运动都是非常有利的。

(5)增加动力肌纤维数量。

大量的研究与实践表明,长期坚持从事户外运动训练,可以有效改善运动者神经控制,增强神经冲动的传递,并使一些不活动的肌纤维能够活动起来。通常来说,在训练水平较低时,只动员肌肉中60%的肌纤维参与收缩活动。而随着训练水平的逐步提高,肌肉中可以动员参与收缩活动的肌纤维能够达到90%。在这样的身体状态下,运动者能更好地参加户外运动训练,保证运动安全。

(二)户外运动训练与人体骨骼

1. 骨的形状和构成

(1)骨的形状。

骨骼,是以骨组织为主体,在结缔组织或软骨基础上经过一定的骨化形成的。由于人体的骨存在的部位和它发挥的功能不同,因而形状也就多样。根据骨的形状特点大致可以将骨分为长骨、短骨、扁骨、混合骨和含气骨等几种(图 2–7)。

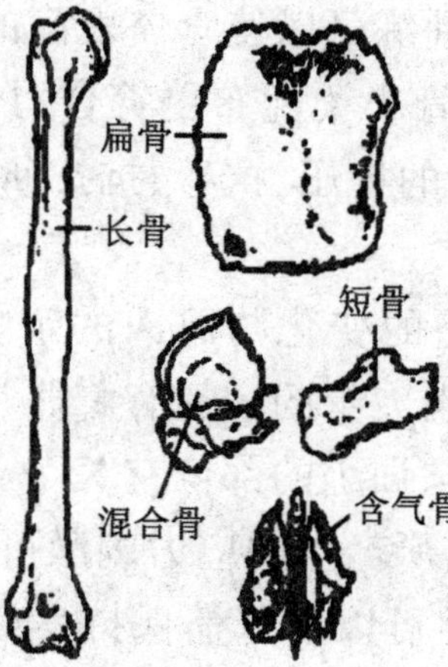

图 2–7

（2）骨的构成。

骨是由骨质、骨髓、骨膜、神经、血管等构成。骨质又可分为骨松质和骨密质，这是骨的基础成分。骨的表面被一层骨膜所包裹，内部充满骨髓（图 2–8）。

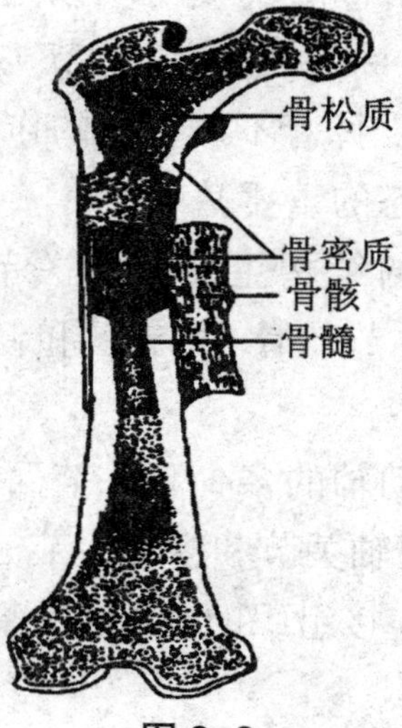

图 2–8

2. 户外运动训练对人体骨骼的影响

对于处于身体发育期的运动者来说，这一时期其身体状态处于上升或者巅峰时期，机体的新陈代谢旺盛。在这一阶段进行户外运动训练，对骨骼的生长和保持骨骼良好状态是非常有益的。

运动者通过户外运动训练可以使骨骼表面的隆起更为显著，骨密质增厚，管状骨增粗，骨小梁配布更符合力学规律。这一系列骨形态结构的改变，使骨的抗压、抗弯、抗折断和抗扭转等机械性能得到提高。

此外，运动者骨骼的变化与肌肉的牵拉作用有着一定的联系。骨量的增加与肌肉力量的增加有着非常明显的相关性，并且骨量的增加部位与肌肉训练的部位有关。当然，随着肌肉力量的增大，肌肉收缩对骨骼所产生的应力刺激可以使骨细胞的活性得到有效提高，这种活性可以使骨骼保持良好的状态，并一直延续到中老年后，其表现为有效延缓中老年骨质丢失。

（三）户外运动训练与人体关节

1. 关节的基本结构

通常情况下，可以将两块或两块以上骨骼之间借助结缔组织、软骨或骨的一种连接结构称为“关节”。而关节在肌肉收缩引起骨骼运动的过程中发挥着不可替代的作用。保持关节健康，是人体保持灵敏活动状态的重要基础。

一般来说，关节的结构主要包括关节面、关节腔和关节囊（图 2-9），并辅助以关节软骨、关节唇和韧带等结构。具体内容如下：

（1）根据关节运动轴的多少和关节面的形状等因素，可以将关节分为单轴关节、双轴关节和多轴关节三种形式。

（2）根据两骨间连接组织的不同，可将关节分为纤维性关节、软骨关节和滑膜关节。

2. 户外运动训练对人体关节的影响

经常坚持参加户外运动和拓展训练不仅可以有效锻炼肌肉和骨骼，还能使骨关节面的密度增加，骨密质增厚，使身体活动更加灵敏、自如，由此形成一种良性循环，从而越发能够承受更大的运动负荷。

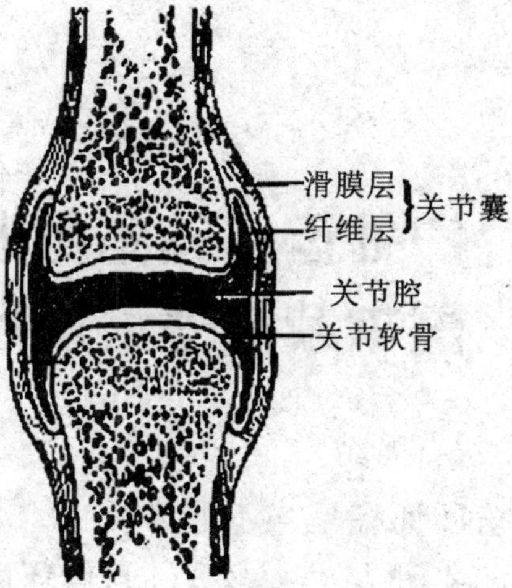

图 2–9

从关节的功能可知,关节的健康程度就在于它的灵活度上,但是这并不是绝对的,在真正体现其灵活性的同时,还需要有相对的稳固性予以支持。因此,关节的稳固性和灵活性又是相互矛盾的。肌肉力量大,韧带、肌腱、关节囊就会增厚,这对关节稳固性和防止关节损伤有很大好处,但这样又势必会影响关节的灵活性。因此,运动者在户外运动训练过程中,必须处理好运动关节所存在的这些矛盾,通过发展肌肉力量的同时,兼顾发展其伸展性动作的练习,使二者得到同步发展,从而获得运动关节既稳固又灵活的最好状态。

第三章 户外运动与拓展训练的基本技能理论与方法

户外运动与拓展训练是当下非常受大众喜爱的项目之一。之所以受到人们的喜爱，与其大多数在自然环境下开展以及诸多特点和价值有关。鉴于此，对与之相关的一些基本技能与方法进行研究就显得很有必要，如此能使运动者的运动体验更加良好，运动安全也得到最大保障。

第一节 生存技能

户外运动和拓展训练的场地主要是开阔的自然环境，如高山、森林、湖边、丘陵等。这些地带普遍人烟稀少，非常适合那些有着冒险精神的人参与，当然这也在一定程度上增加了活动的风险性。为此，每名参加户外运动或拓展训练的参与者都应该学习并掌握必要的生存技能，以期在遇到危险时能自救或给遇到困难的他人提供帮助。我们常说的生存技能主要可以分为求生技能和方向辨别技能，下面就对此进行详细阐述。

一、对饮水的获取

水在任何情况下都是人们生存的重要物质，在户外运动中也是如此。由于在户外环境下没有可供直接饮用的水源，所以在活动前要带够所需的水。当然，鉴于户外环境的不确定性，活动中可能会出现意外损失掉水，或是所携带的水不够喝的情况。此时为了能顺利完成活动，或是实现自救，就需要掌握获取饮水的技能。

（一）可供饮用的水源类型

1. 自然降水

如果在缺水的时候能够有幸遇到降水是非常有利的。自然降水拥有水量大、易收集的特点，但要注意水的卫生状况。这是因为水在下落过程中会被大气中的微生物或悬浮颗粒所污染，所以在收集了雨水后要想饮用必须要经过一系列净化措施才行。

2. 地面水

地面水是非常重要的户外水源，其含量往往较为丰富。常见的户外水源有江、河、湖或较大的水坑。但这种地面水源也有自身的不足，一个是这种水源也存在水质污染的情况，要想供人饮用就需要采取净化措施；另一个就是在一些特殊的户外场所中少有这种大型水源，如沙漠地区或干旱地区。

3. 地下水

地下水是地表水在渗透作用下汇集到地下水层的水源。在渗透的过程中，水会被砂层土壤过滤，且这个过程时间较长，所以当真正成为地下水以后，其水质往往是较为理想的，更有些地下水可以直接饮用，味道甘甜可口。不过，要想准确判断地下水的位置并不容易，这需要非常有经验的向导或当地人才能做到。通常地下水的位置多在地势较低的地方，在使用工具挖掘之后，地下水充足区域的土壤中就会慢慢涌出地下水。

4. 植物水

植物水，是指那些存在于植物内部的水。虽然每种植物中都含有一定的水，但水量能够供人使用的植物并不多。最被人们熟知的含水量较大的植物有仙人蕉、储水竹、瓶树的茎、野山葡萄的藤和桦树汁等。另外,在清晨,许多植物表面会有水雾结成的水珠,必要时也可以对这些水进行收集。不过需要注意的是,在饮用植物水时如果感觉水的味道不对,如有腥辣味或苦味应马上停止饮用,以免中毒。

5. 动物水

动物水,实质上就是指动物的血液或其他动物体液。将此类物质当作水来饮用感觉好似有些无情和难以接受,但在一些极端环境下,这是绝对的延续人的生命的做法。例如,一些电视作品中会出现军队在极端情况下杀掉战马饮血的场景。除血液外,还有一种非常重要的动物水,就是尿液。如果在极端条件下被困,缺乏水的补充,自已的尿液也是很好的水源,关键时刻能救自己一命。如果是身处野外,还可以抓捕一些蛇、蛙等动物,取其肉汁作为水源。

(二)野外找水

野外找水是经常参加户外运动的人,特别是参加一些带有探险性质的活动的运动者所必须掌握的生存技能。野外找水要调动身体多种感官参与,具体方法如下:

1. 视觉搜索

眼睛看到水源无疑是令人感到欣慰的事情。然而除了直接观察到水源外,还有一些标志着可能有水的表象也是值得关注的。例如,如果是水源充沛的地区往往地表或浅层土壤较为潮湿;周围区域较热但某个区域较凉;秋天的早上经常起雾;冬天有霜的地区;动植物繁茂的地区;含水量较多的植物等。

2. 听觉搜索

听觉对于水源的寻找较为直观,即听到水流、水浪、水滴、瀑布等声音。除此之外,听到依水而生的动物的叫声也能证明附近有水源。

3. 嗅觉搜索

通过嗅觉是可以对寻找水源带来帮助的。例如，闻到强烈的水土混合的土味，或是闻到有水草的味道等，基本都可以证明附近有水源。

（三）水质鉴别

在户外缺水的情况下能够遇到足够的水源是非常幸运的事情，但也不要因此而兴奋得不对水质加以鉴别就一饮而下。对于水质的鉴别主要是为了防止水源有被污染，具体的鉴别方法要通过视觉、嗅觉、味觉等多种感官来完成。

1. 视觉

通过视觉来查看水的颜色，由此辨别水质情况。如果水质呈黄色则基本可以判断为水源受到腐败物的污染；如果水质呈绿色则基本可以判断为水源受到低价铁的污染；如果水质呈黄棕色则基本可以判断为水源受到高价铁或锰元素的污染；如果水质呈黑色则基本可以判断为水源受到了较为严重的工业污染。

2. 嗅觉

大多数被污染过的水源都或多或少存在一些明显的气味，如发臭、发酸、发咸腥等味道的水基本可以被判定为不能饮用。

3. 味觉

对于水质的判断还可以通过味觉来进行。当然在尝试的时候要浅浅地尝试一点，如果水的味道偏甜则说明含有一定量的有机物污染；偏咸则说明水中氯化钠含量高；偏苦则说明水中含有硫酸镁或硫酸钠；偏辣则说明水中大概率含有农药。这些含有奇怪味道的水都是不能饮用的。

(四)水的净化

对于谁的鉴别工作完成后,要对那些可以被用来做饮用水的水源进行净化,使其达到可饮用的标准。常用的净化水源的方法有下面几种:

1. 加矾改进水质

在水中加矾用于改善水质。具体用量为在每升水加入含量为 10% 明矾 1 毫升,或直接加入 0.2 ～ 0.5 克明矾到水中,尽力搅拌,水中会开始逐渐出现絮状物,再静置半小时水澄清后可饮用。

2. 野生植物净水法

野生的一些植物的组织具有一定的净水功能。利用野生植物净水的具体方法为将植物捣碎包于纱布中,将水从这个“植物包”中过滤过去,反复多次过滤,最终可得到符合饮用标准的水。

3. 饮水消毒

(1)煮沸法。

煮沸法,也被称为“蒸腾法”,这是一种被广泛使用的对水的一种净化方法。其优势在于操作方法简单、净化程度较高、能得到热水等。但这种方法也有一些不足之处,主要是它不能有效去除水中的病原体细菌。如果有条件的话,通过煮沸法获得的水应再行煮开后饮用。

(2)药物消毒法。

药物消毒法的操作主要有三种:

将 1 片氯溴三聚氰酸(饮水消毒片)放入水中,待其溶化后等候 3 ～ 4 分钟,此后水可以饮用。

将 4 ～ 6 滴碘酒放入水中,摇晃均匀,放置若干分钟,此后水可以饮用。

将用含氯药物消毒,压碎后放入水中,待其溶解后等待 30 分钟,此后水可以饮用。

二、对火源的获取

在经常参加户外活动的运动者来说，他们的装备中总是包括一些能够制造火的工具，足以见得火是户外活动中经常需要的。火的重要性在于其用途非常广泛，如在获取食物和水的过程中都需要火的参与。此外，如果在户外过夜，火更是防范动物猎食者攻击的有力武器。户外取火有如下几种方式，其中有些方式还需要一些技巧。

（一）火柴取火

户外装备中总少不了火柴和点火棒这两种。这两种取火装备可以最快、最简单地产生火源。不过在使用过程中要特别注意选择合适的地点，并且对火的控制要有预案和措施，以免点燃周边其他树木、枯草等，造成非人为的自燃起火。在户外活动可能会由于种种原因导致火柴被打湿，但即便如此火柴也并非不能使用，而弄干火柴的技巧就是将火柴的磷头放在头发里摩擦，摩擦产生的静电会让火柴头干燥。另外，为了防止火柴潮湿，在出发前就可以对火柴进行一些处理，如将火柴盒用保鲜膜包起来，或是给火柴头滴蜡等方法。

（二）凸透镜取火

凸透镜，简单说就是人们常用的放大镜。用凸透镜取火对每个人来说小时候就曾接触过，其原来在于将强光通过凸透镜聚焦后，产生足够的热量点燃可燃物。可燃物的燃点低、燃烧效率高的材料是凸透镜取火非常理想的材料，如酒精、纸和枯草。在大气透明度良好的情况下，利用凸透镜通常 5 秒内就可以点燃引燃物。

凸透镜取火所需的器材简便易携，但如果没有携带专门用于取火的凸透镜的话，紧急时刻也可以找寻周边其他可以替代的物品制作出凸镜来点燃火种，如在手电筒反光碗的焦点上放置火种、将望远镜中的镜片使用、将冰制作成凸透镜的形状等。

凸透镜取火的方法有其独特的优势，但其也存在着明显的不足，那就是非常依赖充足的太阳光，简单说就是依赖晴朗的天气。如果当要使用凸透镜取火时赶上了多云或阴天天气，那很有可能这种取火方式就不能成功。

（三）电池取火

电池取火使用的能源来源于电池，通过电池放电产生热量，以此成功引火。为此，需要在户外活动前准备好电量较大的电池，在使用时将电池的正负极接在削了木皮的铅笔芯的两端，电热会导致铅笔芯烧红，足以点燃易燃物。

如果参加的是自驾旅行的话，还可以利用汽车电瓶取火。方法为用两根导线（或金属物体）连在电瓶的正负两极，将两根导线末端接触造成短路，短路时会产生火花，然后可以点燃易燃物。

三、对食物的获取

开展户外运动的场所往往是一些人迹罕至的地方，如果在这类地点发生了意外情况，如迷路或食物丢失、损毁等，就会造成食物短缺。此时，人们就需要通过其他方法来获取食物。虽然人可以坚持几天不吃饭，但如果能通过生存技巧获取食物则更能保证健康状况良好。为此，在户外环境中掌握必要的获取食物的方法就显得非常重要。下面就列举一些在户外可以获取的食物类型及相应的获取方法。

（一）动物食物

动物食物，即动物肉类，这是一种对人体所需能量有着良好补充的食物来源。在户外，最常成为人们食物的动物有鱼、鸟及其他一些小型动物等。

（二）植物食物

所谓的植物食物实际上就是水果、蔬菜及其他可食用植物等。对于这类食物的获取相对简单。植物食物中含有一定的水分和糖分，是户外非常理想的身体能量和水的补充物。需要注意的是，如果对于那些并不熟悉的植物，在选择食用时要较为谨慎，以免中毒。如果发现有两种以上的动物吃了这类植物食物，则基本可以放心食用。对于植物食物是否可供人们食用还有一种方法，那就是将植物切开一个口，往上撒盐，如果是有毒的植物则在遇到盐后发生反应，或是变色，或是带有苦味。

（三）菌类食物

在户外生长着许多类型的菌类食物，这类食物有着不错的营养价值。不过，在众多类型的菌类中，有些是不能够被人类食用的，它们带有致命的毒素，人一旦误食这种菌类会有生命危险。所以，在获取菌类食物时要对照好菌类图谱，主要采摘常见的、确定可食用的菌类作为食物。对于那些颜色过于鲜艳的、长相奇特的菌类则谨慎食用。还有一点需要注意的是，即便是看到其他动物食用了某种无法断定是否有毒的菌类时，不要想当然地以为其他动物吃了没事，人吃了以后也没事。

四、户外方向的辨别方法

户外活动的环境与人们熟悉的城市有很大不同。在户外几乎没有可供判断方向的人工标志物，甚至到了晚上连灯光也没有，且人烟稀少。这样的环境会使得户外活动者难免会遇到因无法判断方向而迷路的情况，进而陷入更大的困境之中。掌握正确的辨别方向的方法在此时就显得至关重要。

在户外环境中对于方向的辨别的方法和手段有很多，常见的方法有徒手判别和利用仪器判别两种。

(一)徒手辨别方向的方法

1. 手表辨别法

在户外,可以通过带有指针的、走时准确的手表来确定方向。具体利用手表判别方向的方法举例如:上午 9 时至下午 4 时之间,按“时数折半对太阳,‘12’指的是北方”这句话去做,就能较快地辨别出概略的方向。如在上午 9 时,应以 4 时 30 分的位置对向太阳,如在下午 2 时 40 分(即 14 时 40 分),则应以 7 时 20 分的位置对向太阳,此时“12”字的方向即为北方。为提高判定的准确性,可在“时数折半”的位置上竖一细针或草棍,并使其阴影通过表盘中心(图 3-1)。

图 3-1

2. 根据风向辨别方向

季节风往往都有一定的方向性,在我国多数地区,都可以通过季节风的走向来辨别方向,如我国春、夏季节多刮南风,秋冬季节多刮北风等。但是,单一根据风向辨别方向显得过于片面和武断,因此,在使用风向辨别方向的时候,还需要与其他辨别方向的方法相结合使用。

3. 根据星象辨别方向

在夜间,没有了太阳的帮助使得人们在辨别方向时缺少了非常有力的“工具”。但即便是这样,也仍旧有方法可以帮助人们找到正确的方向,那就是依靠星象的位置辨别方向的方法。

在夜空中,恒星的位置几乎永远处于静止的位置(恒星的相对移动是因为地球自转造成的),因此,可以找寻具有表现方向性的恒星作为辨别方向的依据。北极星,位于天球正北天空,只要天气晴朗,在任何位置都可以看到北极星。观察时,其距离地平面的高度约相当于当地的纬度。寻找时,通常要根据北斗七星(大熊星座)的位置来确定。寻找技巧为沿北斗七星“勺子”的“勺头”方向延长,延长距离约为北斗七星 α、β 两星间隔距离的五倍处,在那里有一颗略暗的星,即北极星(图 3-2)。

另一种寻找北极星的方法为,利用 W 星(即仙后星座)寻找。W 星由五颗较亮的星组成,形状像个“W”字母,向 W 字缺口方向延伸约为缺口宽度的两倍处,就是北极星(图 3-2)。

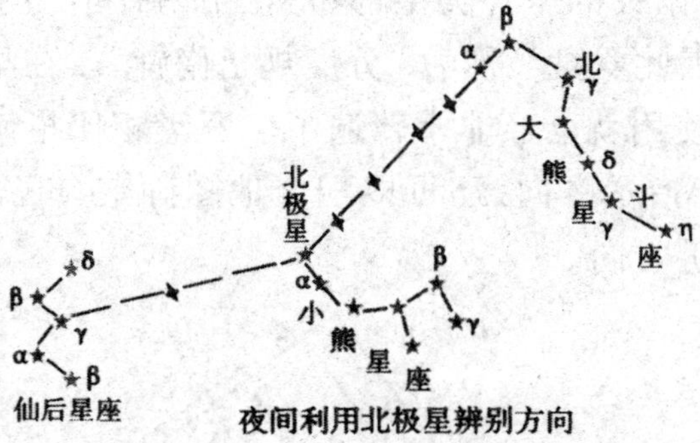

图 3-2

(二)使用仪器辨别方向的方法

进行户外运动必须准备专门工具,以便于辨别方向。

1. 指南针

利用指南针辨别方向具体方法有以下两种。

(1)将指南针水平放置,使气泡居中,当磁针静止后,其标有“N”的一端所指的就是北方,标有“S”的一端所指向的方向为南方。

(2)打开指南针,将照准器对准目标,或将刻度盘上的 0 刻度对准目标,使目标、0 刻度和磁针中点在同一直线上,指南针水平静止后,N 端所指的刻度便是测量点至目标的方位,如磁针 N 端指向 30°,则目标在测量位置的北偏东 30°。

利用指南针辨别方向应注意以下事项:

（1）出行前要仔细检查指南针的使用状况良好，无发皱、指针活动不畅的情况。

（2）使用指南针时尽量保持水平放置。

（3）在出行过程中要尽量避免将其他带有磁性的物品与指南针放置得太近，以免多余的磁性干扰指南针的正常使用。

（4）不要将磁针的 N 端误认为南方，造成方向误差。

（5）如果在磁场区，掌握活动地区的磁偏角以利于多方向进行校正。

罗盘是指南针的一种类型，只是比指南针增加了刻度盘和标尺（图 3–3），因此罗盘又称为“分度规指南针”。在早期的大航海时代，罗盘的使用就已经非常普遍了。罗盘相比指南针的优势在于它不仅仅能指示方向，还可以配合地图确定自己的位置、测量距离、校正前进方向。

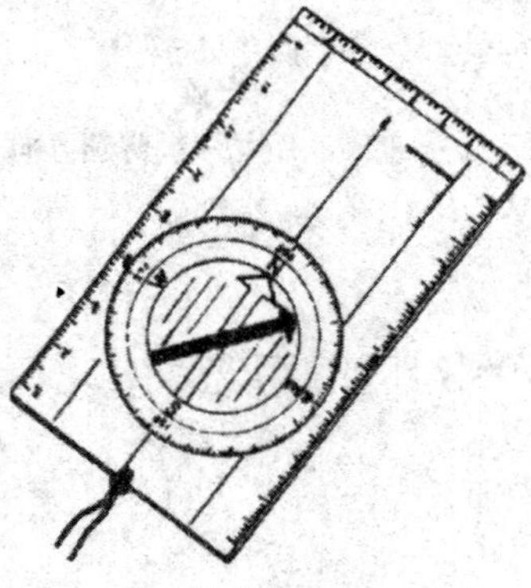

图 3–3

罗盘的使用方法具体如下：

（1）先用罗盘上的指南针找到正北，并将地图按照上北下南的位置放好。

（2）在地图上找到自己所在的位置和目的地的位置，并在两点间划一条直线。

（3）将罗盘底座的边缘与直线重合，此时边缘刻度会量出地图上两点之间的距离，通过比例尺可以换算出两点之间的实际垂直距离。

（4）读出指针与直线之间的夹角度数，即前进的方向角。

（5）遇到高山、河流需要绕行时，绕过障碍后，再及时校正方向。

2. 全球卫星定位系统

全球卫星定位系统（Global Positioning System，简称 GPS）是现代化的定位仪器，它通过接收人造地球卫星发来的位置数据判定人所处的方位。GPS 的使用方法较为简单，开机后找到相应地图便可，较为专业的 GPS 还可以提供海拔高度数据和经纬度数据。

第二节 应急处置技能

一、自然灾害的防范与处置

（一）雷电的防范与应急处置

1. 雷电的预防

既然是在户外开展运动，就难免会遇到打雷下雨的时候。雷电的特性决定了其总是倾向于击中那些较高的物体，而在户外环境中，最高的物体往往是树木。下面就总结出了一些对雷电击伤害予以预防的几点建议：

（1）严禁在树下避雨，如果必要的话，应选择那些高度较低的树冠避雨，并且要与树干保持一定距离。

（2）远离地势较高地区的金属设施，如高压电线塔、风速测量仪、外露的管道等。

（3）不要停留在空旷的山顶上，也不要进入空旷处的孤立房子、乘凉亭等建筑内。

(4)当即将发生雷击时,身体的头、脖子、手等部位可能会有一些蚁爬走感或身体毛发竖起等现象,此时应马上就地趴下,以此最大限度地减少被雷击中的概率,如果来得及还应尽快摘下身上的金属饰物。

(5)如果感觉到雷暴即将来临且自己处于危险地区时,应停止行走,两脚并拢下蹲。如果是队伍行进的话,要彼此分开一定距离。

(6)切记不要在有明显雷电来临时打伞,而是应该采取其他方式避雨。

(7)如果看到一些物体被雷电击中过,对于那些被击中后留下的断端务必要予以注意,特别是高压线的断点附近可能存在跨步电压。面对这种情况,要经过这一地区则需要以双脚并拢跳跃的方式前进,尽快跳出这一危险区域。

2. 雷击的应急处置

当人不幸被雷击中后往往会进入"假死"状态,但实际上这时候人并没有真的死亡,施救者不要放弃救援。此时应首先选择用口对口人工呼吸的方式进行急救,然后进行心脏按压救助。上述两个环节要尽快进行,以争取最佳的救援时间,这样存活率会更高一些。如果当人在遭受雷击后衣服着火,应立刻让伤者躺下,并通过往其身上泼水或泼沙土等方式灭火。

(二)洪水的防范与应急处置

大多数情况下,在开展户外运动的过程中不会遇到洪水。但是,在靠近有江、河的环境下,遇到突发天气,也有可能面临洪水的危胁。洪水带来的威胁是极大的,就户外运动者的力量来说是无法抵抗的,为此掌握一些对洪水的预防和应对措施就非常有意义,特别是对洪水的预防方面。

1. 洪水的预防

(1)户外运动选择的区域如果之前几天出现过连续大雨天

气，或是活动之时仍旧处于连续降雨或大暴雨天气，则应随时关注当地的洪水预警信息。特别是在我国南方地区开展的户外活动，更要随时关注活动地附近的河流、湖水的水位情况。如果预判到有可能有洪水威胁，则应另选活动地点，或提前制定好撤离路线。

（2）善于利用在危难中可与外界沟通的物品，如手机、手电、镜子、色彩艳丽的衣服等，以此作为吸引救援人员注意的通信物品。

（3）携带保鲜膜、塑料袋等装备，以在户外活动位于多水环境时做好对重要器材和物品的防水工作。

（4）搜集各种木制品、泡沫塑料等易漂浮的材料，一旦落到水中可用来提高生存的概率。

2. 洪水的应急处置

（1）洪水来临时的势头通常较猛，往往难以给人撤离的时间。为此，当来不及撤离时，可向周边地势较高的地方撤离，如山坡、高地、大岩石等。

（2）人是跑不过洪水的，为此，撤离时不应顺着洪道方向跑，而是应向洪道两侧撤离。

（3）洪水的来势普遍较为凶猛，因此在没有把握的时候不应冒险涉水过河，更不要想以游泳的方式逃生。

（4）泥坯房屋顶并不可靠，不应作为躲避洪水的首选。此外，电线杆、铁塔等设施也不是理想的躲避选择。

（5）如果不幸被卷入洪水中，要尽量抓住固定物或漂浮物，以便提高生存概率。

（6）在通过受淹道路和下穿式通道时，要注意观察情况，以免误入深水区或掉进排水口。

（三）滑坡的防范与应急处置

滑坡，又叫作“山体滑坡”，是一种常出现在山地和丘陵地带的地质灾害。滑坡在任何条件下都有可能发生,而在经历了大雨或洪水灾害后发生的概率更高。

1. 滑坡的预防

(1)在滑坡形成前山体通常都会出现裂缝现象,当滑坡出现后,山体的裂缝会逐渐增多,并由断续的裂缝变为连贯的裂缝。

(2)可能发生的山体滑坡的斜坡前缘的土体或岩层会由于土壤或岩层湿润更容易导致滑坡的发生,垮塌的边界不断向坡上扩展;斜坡前部有时会发生丘状鼓起,顶部常有张开的扇形或放射状裂缝分布。

(3)如果斜坡上出现了局部的沉陷,预示着大概率将发生滑坡情况。

(4)即将发生山体滑坡的位置,其上面的房屋、道路、水渠等建筑都可能发生异常的变形,且这种建筑变形在空间分布上很有规律。

(5)观察水的状态。当可能出现山体滑坡前,周边地表水的状态可能发生变化,如泉水的出水量异常、水质变得浑浊、干燥地带突然渗水、水井中的水位明显变化、蓄水池塘忽然大量漏失等。

(6)山体滑坡在其发展的过程中往往会剪断地下岩层,过程中随着石块间的相互挤压和摩擦,可能会发出一些奇怪的响声。对于这些响声要有所警觉,这对于规避山体滑坡灾害来说也是一种非常重要的前兆预警。

(7)观察动物的异常举动。动物往往对滑坡等灾害的发生有着较为敏感的反映。如果观察到了某些动物的奇异举动,则应留心出现山体滑坡的可能,如老鼠不进洞等现象。

(8)由于受到滑坡前地质出现的某种变化,会使得一些树木会出现枯萎或歪斜等异常现象,对这些现象要予以留意。

2. 滑坡的应急处置

(1)地面的变形幅度和速度逐渐加剧时,应快速撤离到安全的地方。

（2）如果户外运动的场所在山地区，为应对可能出现的山体滑坡灾害，应制定一处或几处撤离位置。选择撤离的安全位置的原则为应在滑坡两侧的边界之外。在确保安全的前提下，安全地带的地势越开阔越好。

（3）在滑坡发生时，躲避的路线要垂直于滑坡轴，而不能与滑坡方向同向，且在沿垂直滑坡轴躲避时尽量往地势高的地方跑。躲避过程中不要爬树，因为树木无法承受滑坡的冲击。此外，更不要停留在低洼地带。

（4）在滑坡发生时逃生要扔掉一切影响逃生速度的物品，要注意不要贪恋财物，这是逃生的大忌之一。

（5）如果发生了人或物被滑坡掩埋的情况需要救援和挖掘时，要注意先把后面的水引开，然后再从滑坡体的侧面挖掘，如此能大概率提高抢救效率。

（6）成功抢救出被掩埋的人后，如果其意识尚存，可以询问其身体状况，如无意识，则应小心移动，以免被救人骨骼、内脏、神经等部位的伤势加重。

（四）泥石流的防范与应急处置

作为一种地质灾害，泥石流普遍出现在暴雨或洪水来袭之后。简单来说，泥石流就是水土混合后产生的泥浆流，然而其所造成的破坏力惊人，所过之处一片狼藉，房屋、庄家尽毁，甚至造成人员伤亡。户外运动很可能会遇到泥石流灾害，为此，需要掌握一定的防范与应急处置措施。

1. 泥石流的预防

（1）可能出现泥石流的前兆。泥石流出现前普遍会有一些能够被感知到的前兆。如河流突然断流、河水水位突增等，并且河水中夹杂有较多柴草、树皮；在沟谷深处有轻微震动感且隐隐约约听到好似火车般的轰鸣声等。

（2）泥石流多发于暴雨天气。当户外运动的场所位于山地或土壤稀松地带时，白天雨量充沛，到夜间后就要留心降雨量，如果降雨依旧量大势急，泥石流发生的概率就会大增，此时应尽快转移，千万不能抱着侥幸心态继续留宿在这一地区。

（3）大量降雨后，如在山谷地带隐约听到轰鸣声，或看到道路两旁植被有被破坏的痕迹，又突遇暴雨，则基本可判定有一定概率发生泥石流灾害，应迅速转移至安全地点。

（4）如果户外运动的场所在沟谷内，遇到暴雨后要迅速转移到周边地势较高的地点躲避灾害。

（5）户外运动如果需要在野外宿营的话，为防止泥石流，应选择地势较高、较为平坦的地点，并且关注宿营地周边是否有高空坠落岩石的隐患。

（6）在山区开展户外运动时，如果听到了异常响动，看到石头频频飞落，飞来的方向大体一致，则大概率预示着有泥石流来袭。而如果听到的声响越来越大，并且已经看到泥水、石块的移动，则证明危机已经迫在眉睫，应迅速撤离。

2. 泥石流的应急处置

（1）在发生泥石流时，躲避的路线参照滑坡的处置办法。

（2）如果户外运动的场所刚刚经历了长时间降雨或暴雨，此时即便雨势减弱或刚刚停止，也不能立刻来到该地区开展活动，因为有些泥石流的出现并不是在降雨过程中的，而会有一些滞后。

（3）泥石流发生后，那些沿沟谷开辟的公路也会遭到损毁，变得泥沙纵横，此时再在公路上行走要格外注意滑倒、磕碰、脚陷等情况。

（4）如果落入到泥石流当中首先不要惊慌，保持镇定，将身体后倾躺在泥水地里，最大限度延展身体面积，如张开双臂，十指张开等，然后慢慢将陷入泥潭的双脚抽出来，切忌身体做出大幅度的动作，如此会陷得更深。然后采取仰泳般的姿势向安全地带“游”过去，动作始终要保持轻缓。

二、危险动物的防范与处置

(一)蛇

户外运动所选择的场所往往是尚未被开发的地区,特别是在丛林地区开展的活动,非常容易遇到蛇。生活在现代都市中的人除了在动物园或花鸟鱼虫市场外,很难直接遇到蛇,因此对这种长相奇特的生物一般会感到恐慌。丛林中遇到蛇的概率会大一些,通常发现蛇的情况有近距离看到蛇、树上趴着蛇、无意中踩到蛇等。遇到蛇后,蛇为了保护自己,或是为了保护领地,不免会对人发起攻击,特别是如果被有毒的蛇咬到确实是个很大的麻烦,严重的毒蛇咬伤甚至在很短的时间就能致人死亡。为此,掌握必要的应对蛇的方法就显得格外重要,这样一方面能在遇到蛇后可以保持稳定的心理,另一方面也可以更好的自救和帮助他人。

(1)如果参加的是丛林户外活动,在穿着上应戴帽子,穿长袖长裤衣服,如此能将皮肤最大化地遮盖起来,在一定程度上降低被蛇咬的概率和伤害程度。

(2)蛇在大多数情况下不会主动对人发起攻击。为了防范蛇的存在,在开展地处丛林的户外运动时,每人手里应该拿一根木棍或粗树枝,在行走时边走边用木棍打草,也就是所谓的“打草惊蛇”。如此可以大概率惊动隐秘在人们视线中的蛇,它或是逃跑,或是移动起来被人们尽快发现。

(3)丛林活动中如果发现了毒蛇,还是走得远远的为好,不要在好奇心的驱使下抵近观察。

(4)如在危机时刻必须要捕捉或杀死蛇时,应首先注意控制其头部,在对头部没有完全控制之前,建议不要用手去直接抓蛇。但为了保护环境和动物,在自身安全获得保障的时候不要妄动杀念。

（二）蛭类

1. 水蛭

水蛭体色背黑褐，腹黄褐，整体密生环纹，一般体长 3 ～ 6 厘米，宽 4 ～ 8 毫米。水蛭身体两端各有一个吸盘，前吸盘中有口，口内三个颚，这个颚用于刺穿宿主的皮肤以进行接下来的吸血。为了便于吸血，其还会分泌出抗凝血酶和血管扩张素，这样被水蛭的颚刺伤的伤口就会流血不止。水蛭常生活在水量较多的地区，对在水边活动的动物或人会带来麻烦。为此，当在户外的河、湖、水塘等周边活动的人要注意防范水蛭。

（1）预防措施。

①避免赤脚在水中行走。

②对浸入水中的肢体要经常检查是否有水蛭附着。

③用烟蒂泡水后涂抹身体，以此干扰水蛭的化学感应器。

（2）处理方法。

如果被水蛭叮咬也不要慌张，按下面的步骤做出处理：

①发现被水蛭咬后不要惊慌失措地着急用手将其拽下，如此可能会有水蛭的残留物滞留在伤处，且会增加伤口的流血量。正确的方法为用手拍打，或用烟头、打火机等来炙烤（这个要谨慎一些，免得烫到自己），水蛭承受不住刺激后会自行放开。

②在没有消毒水的情况下用盐水或清水冲洗伤口，由于血液凝固的速度可能较慢，因此需要用手加压止血，或加压包扎。

③告知其他活动成员。

2. 旱蛭

旱蛭与水蛭的外形有很多类似的地方，只是外表颜色比水蛭更浅一些，呈现出黄褐色，还有一些种类的旱蛭会呈现出墨绿色。旱蛭是一种陆生的体外寄生虫，常栖息在山林的草丛和灌木中。对于我国来说主要分布在南方地区。旱蛭的化学感应器比较发达，对寄主的气味有非常敏锐的辨别，可迅速寄宿在宿主身上，以吸宿主的血为生，可以吸入大于自身体重5倍的血。

（1）预防措施。

①在丛林中活动应着长衣长裤、戴帽子、戴手套。注意不要忽视对脖子的保护。

②穿越丛林地带后要及时检查是否有旱蛭落在身上。

③配备一些发散气味的设备以干扰旱蛭的化学感应器。

（2）处理方法。

基本处理方法与水蛭的处理一致。

（三）节肢动物

1. 蝎子

蝎子的生活习性为昼伏夜出，一般在白天隐藏在缝隙、石块或落叶下，在夜间活动。蝎子的最大特点也是最令人忌惮的就是其尾端有尾刺，尾刺中含有毒腺，能分泌神经性毒素。人被蝎子蜇刺后，疼痛难忍，并伴随局部或全身中毒，严重者会有生命危险。

（1）预防措施。

①在攀爬或搜索时建议戴上手套，尽量避免赤手在缝隙、石块下摸索。

②在户外放置的服装和鞋子在穿着前要首先检查。

③感觉身上有东西爬时，可慢慢调整身体，在判定是何种东西后再借机抖落或引导其自己爬走。切忌不可在没弄清是什么前慌张地用手拍打和捉拿。

（2）刺伤症状。

①伤口剧痛，局部红肿、水泡、血泡、组织坏死。

②两小时后，烦躁、出汗、流口水、气喘、恶心，甚至呕吐。

③严重者可出现呼吸困难、昏迷、呼吸麻痹而死亡。

（3）处理方法。

①最好用3%的氨水泡洗患处。

②拔出毒刺，用肥皂清洗伤口。

③结扎肢体，防止毒素扩散。

④及时撤出危险区域，联系医护人员或送医院治疗。

2. 蜈蚣

蜈蚣与蝎子的习性有些类似，均属夜行性动物。其身体附肢较多，每体节有一对足，背腹扁，第一对附肢特化为颚足。颚足的基部愈合，末端为毒爪，内有毒腺。被蜈蚣蜇咬后，人体会有剧烈的疼痛感，在一段时间过后疼痛感会有所减弱。一般蜈蚣蜇咬不会致命。

（1）预防措施。

同预防被蝎子蛰刺的措施。

（2）咬伤症状。

①局部红肿、疼痛。

②出现眩晕、恶心、呕吐、发热等症状。

③治疗不及时，局部组织会坏死。

（3）处理方法。

①用一切碱性液体中和，肥皂、石灰水、氨水都可以涂抹患处。

②明矾调匀涂于患处。

③及时就医处理。

3. 蜂类

蜂类在春、夏、秋季的户外经常可以遇到，因此，被蜂类蜇刺也是虫类蜇刺中最常见的。蜂类的蜇刺是雌性的产卵管特化而形成，基部往往具有毒腺，是蜂类重要的防御器官。在蜂类中，属胡蜂科的蜂类是比较凶悍的，其中较有代表性的就是马蜂。经常见到的蜜蜂科蜂类也有蜇刺，但是相比胡蜂科的蜂类显得更加温和。

（1）预防措施。

①户外活动不要捅马蜂窝。蜂类的习性为在没有受到攻击时是不会主动攻击的，原因在于蜂类在蜇刺后会将刺以及体内一部分内脏器官留下，这也就意味着它的死亡。

②由于蜂类可能将鲜艳的颜色判定为花朵，因此，在户外活动时尽量避免穿着过于鲜艳的衣服。

③建立营地时，先观察周围是否有蜂类出没，如果有，分析是因为花蜜的原因还是附近有蜂巢，应该远离蜂巢扎营。

④一旦被大群蜂类攻击，千万不要去扑打，那样会引来更猛烈的攻击。可以用厚衣服蒙住外露的皮肤，远离蜂巢。如果附近有水源，可以钻到水里。

⑤由于虫类普遍怕火，因此在遇到蜂群的围攻，可选择点火、生烟。手拿着点燃的柴草原地转圈，并且不断添加手中的柴草。

（2）蜇刺症状。

①局部有红肿、发热、剧痛等症状，5 ～ 7 天后逐渐消退。

②出现头晕、眼花、气喘等症状。

③严重者会引起过敏性休克，甚至导致死亡。

（3）处理方法。

①不要挤压伤口，以免毒液扩散。

②认真检查，看看是否有蜇刺留在皮肤内。如果有，应及时用小刀或针挑出。

③一般应用酸性液体冲洗伤口。

④如果能判断是被什么蜂蜇刺的最好，如蜜蜂的毒液是酸性的，则应该用肥皂等碱性液体冲洗。

4. 蚊虫

蚊虫包括大蚊、伊蚊、白蛉等。蚊虫叮咬在日常生活中，特别是在夏季被人们看来是再普通不过的事情了，一般的处理方法也就是使用一些止痒药膏。但是，在野外，还是需要对蚊虫做必要的防范。这是因为野外的蚊虫不仅会影响人的休息，最重要的是它还会传播疾病。

（1）预防措施。

①进入草丛前，尽量少暴露皮肤。

②用艾蒿、熏蚊草等有芳香气味的植物放在篝火上，形成的烟雾可以驱赶蚊虫。

③宿营时远离死水池塘，睡觉前检查帐篷。

（2）叮咬症状。

叮咬处皮肤红肿。

（3）处理方法。

①用碱性液体处理，肥皂水、苏打水等涂抹到叮咬处。

②涂抹蚊虫叮咬药水，止痒。

③车前捣烂外敷，止痒。

（四）其他动物的防范

除上述几类在户外运动中常见的给人带来危险的生物外，还有一些野兽可能也会给人带来麻烦。因此，当在户外遇到这些动物时也应做好预防和应对措施。

（1）看到野兽首先不要仓皇而逃，那样反而会吸引野兽的注意。如果野兽离你很远，可以迅速离开危险地带，到安全区域躲藏；如果野兽虽然较近，但尚未发现你，可以躲藏起来，让它自行离去。

（2）如果被野兽发现并且被追赶，在逃跑的过程中应尽可能地借助沟坎、高地等掩体或障碍物，挡住它们的追击。在逃避时，注意不要被地上障碍物绊倒，那样会很容易被野兽抓住。

（3）宿营时注意火的正确使用。动物都有怕火的本能反应，因此可以在宿营地周围点上火堆，吓跑野兽。

（4）在参加户外运动时，应带好防身武器，如刀棍等，以防万一。

第三节 安全保障技能

一、固定保护

对于登山运动来说,采取专门的固定保护是较为基础且重要的保护形式。固定保护的方式为保护者将主绳固定,并在有利的位置专门负责保护。这种保护特别是在攀登岩石峭壁、冰壁等风险性较大的地段使用最多,而基于不同分类标准还有不同的保护方法和保护重点。

(一)根据保护者与被保护者的相对位置分类

常用的固定保护方式有交替固定保护、上方固定保护和下方固定保护三种。具体选择哪种保护方式要根据保护者与被保护者的相对位置而定。下面对这三种固定保护方法分别进行说明。

1. 交替固定保护

交替固定保护使用的时机主要为在多人结组通过岩石峭壁、冰壁等较为陡峭和危险的地段时。

交替固定保护技术的要求为:一个结组队伍中只能有一个人在交替固定保护中通过,其他成员全都负责保护。保护者应首先将固定物打入固定面,在确定固定稳定后将主绳在钢锥上缠绕。攀登者走完一段间隔的距离后转变为保护者的身份来辅助下一个人的攀登,第二个人攀登结束后再转为辅助第三个人攀登,依次攀登。

2. 上方固定保护

在攀登岩石峭壁时多使用上方固定保护。上方固定保护顾名思义就是保护者在被保护者上方,如图 3-4 所示。具体的保护方式如下：

（1）保护者在峭壁顶部固定好主绳。

（2）保护者固定自己于主绳的相应位置。

（3）保护者抛主绳的另一端抛给接下来要攀登的队员。攀登队员将主绳在身上固定好，确认无误后告知保护者，保护者得到信息后发出回应，然后攀登队员方可开始攀登。

（4）在攀登者攀登的过程中，保护者随时收绳。

图 3-4

图 3-5

3. 下方固定保护

下方固定主要是在第一人进行攀登时使用的固定方法。由于第一人在攀登时上面不会有人，所以就谈不上有固定，进而只能使用下方固定的方式给予保护。下方固定，也就是保护者的位置在攀登者下方的保护技术，如图 3-5 所示。具体实施步骤如下：

（1）保护者在周边安装好保护装置和主绳，主绳的另一端拴在攀登者身上。这种保护方式使得攀登者在攀登过程中即便出现失误，但由于牵动保护者的拉力来自上方，所以对保护者来说也不构成威胁。

（2）保护者在攀登者的攀登过程中要注意按攀登节奏放绳。

（二）根据保护者所采取的姿势或装备分类

根据保护者所采取的姿势或装备，固定保护技术也可以分为立式保护、坐式保护和器械保护三种方法。

1. 立式保护

立式保护，顾名思义是指保护者采用站立的姿势对攀登者进行保护。具体实施步骤如下：

（1）保护者选好保护位置，做好自我保护。

（2）保护者身体侧对岩壁站立。站立时先将一腿（左或右）迈出一步，脚蹬在有利的支点上，腿要伸直，脚尖指向攀登者，后面的腿稍屈成弓箭步，身体重心落在后腿上，形成保护姿势。保护者站立的重心不宜过高，否则一旦受力，容易被牵动而拉倒。

（3）保护者在身上适当缠绕绳索（类似于胸腰保护绳），避免保护绳脱落。其方法是：先将保护绳的一端从左或右腋下由里向外在胳膊上绕一圈后握紧绳索，保护绳的上端经背部再从右或左肩搭下，用左手、右手在胸前握绳。保护者将保护准备工作做好后，就可通知攀登者进行攀登。

（4）保护者随着攀登者的逐渐上升，不断地将绳索收回。保护者采用的收绳方法是左臂或右臂屈肘拉绳，右手随绳的被拉出而移至胸前握绳，待左手或右手握紧绳，如此反复动作，绳索就会逐渐放出。

这里有一个注意点，那就是在保护中收绳或放绳时都不要把绳拉得过紧或放得过松。原因在于，收绳过紧会影响被保护者的动作操作，过松就会失去保护作用。

2. 坐式保护

坐式保护，是指保护者采用坐的姿势对攀登者进行保护。坐式保护的具体实施步骤如下：

（1）保护者选好有利地形，做好自我保护。

（2）保护者面对被保护者（攀登者），坐在地（岩石或雪坡）上，两腿自然分开，两脚蹬住较凸出的岩石等作支点。把保护绳在自己的身上缠绕。保护者将保护绳一端连接被保护者，另一端（即固定端）经腰部向前拉拢，两手在腹前将固定端握住。

（3）收绳时，右手或左手收绳至腹前，左手或右手同时由腹前向外拉绳，收至腹前的右手或左手将经腰部缠绕于腹前的绳两边同时握住抓牢。左手或右手迅速收回到腰间并抓绳，右手或左手同时沿绳滑出握绳，准备再次收绳。

（4）放绳时，右手或左手从腹部将绳向外拉出，左手或右手顺势握绳收回腹间并抓紧经腰部缠绕于腹前的两边绳索，右手或左手此刻迅速收回腰间握绳，左手或右手亦同时沿绳向外滑放握绳。

3. 器械保护

器械保护，是指利用多种攀爬器材，如下降器和铁锁等进行的保护方法。现代户外运动更多采用这种器材辅助攀爬，其特点为安全、可靠、省力且操作简单。

（1）利用下降器保护。

器材的使用方法如图 3-6 所示：

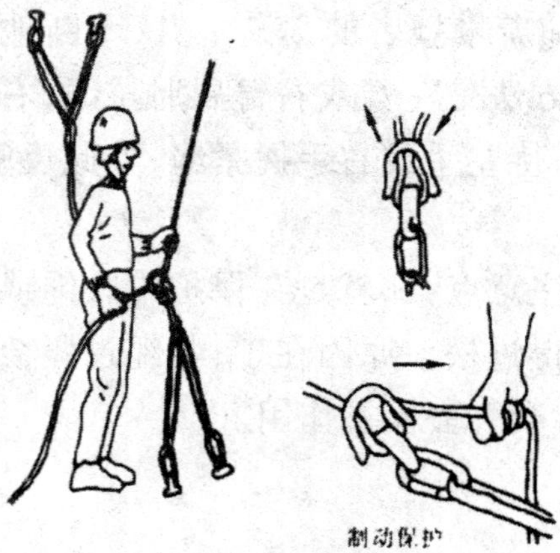

图 3-6

安装好保护装置，将绳索按“8”字形缠绕在下降器上，双手分别握紧从下降器绕出来的绳索。收绳时，从左手或右手向下拉绳，右手或左手同时将通过下降器缠绕的绳拉紧，如此反复操作；放绳时，方法与收绳操作方法相同，但动作方向相反。一旦攀登者失误脱落时，可做制动性保护，即将一端的绳索向相反方向用力拉紧，就可使绳索停止滑动而使脱落者得到保护。

（2）利用铁锁保护。

选好有利地形，做好自我保护，并安装好保护装置，如图 3-7 所示。利用铁锁保护实际上是在站立式保护的基础上又增加了铁锁保护，从而使保护的效果更加完善。利用铁锁保护的收放绳方法同站立式保护一样，是通过两个铁锁作为支点加大绳索和铁锁的摩擦力而使保护奏效，但保护的制动性较差。

图 3-7

户外运动保护技术的关键可以总结为两方面的力，一是保护者上肢对保护绳的握力和拉力；二是保护绳在攀登者身体上经过缠绕而产生的摩擦力（图 3-8）。另外，保护绳在保护者与被保护者之间还有一个支点，上方保护支点为悬崖角，下方保护支点为攀登者预设的保护装置。两个支点的作用能够加大保护绳的摩擦，这个效果越明显，保护技术的安全系数也就越高。

图 3-8

二、行进保护

行进保护，是在行进中遇到险情后依靠保护装置进行的应急保护措施。

在户外进行的行进或结队攀登活动中，最普遍的行进保护方式就是将一根绳子将一组人员（数量一般不超过5人）的身体相互连接，由此这种行进方式也被称为"结组行进"。结组行进的好处是队伍中如果有人出现失误，如滚坠或跌倒，其他组员可以迅速固定自己的身体，这种固定产生的拉力足以控制住滚坠者。

三、自我保护

固定保护和行进保护在保护方法中是最频繁被选用的。但是这两种保护方式都是攀登者将自身的安全交予了别人，而过度依赖他人的保护意识并不正确。因此，除了在相信他人提供的保护之外，还要自己掌握自我保护的技巧。如图3-9所示，当攀登者在攀登时出现意外，身体开始滑坠，应在呼叫保护者采取保护措施的同时将身体姿势调整为俯卧，并将手中的攀登用具尽量摩擦坡面，以此最大限度的减低下滑速度。

图3-9

四、实施保护技术的注意事项

（1）出行前检查保护器材的状态，如检查出有安全隐患则务必及时修复或更换。

（2）保护地点的选择要确认可靠。

（3）在攀登过程中布置保护装置时，要特别注意避免出现绳索与岩壁之间的摩擦。直线使用绳索可以减少对绳索的摩擦；攀登过程中攀登者要经常留意绳索的磨损情况，如果发现磨损，则应采取加固措施。

（4）如果是多人协作开展的保护工作，攀登者要确保在与保护者之间的沟通无障碍的情况下才能开始攀登。

（5）只要攀登者未完成攀登活动，保护者就不能掉以轻心，切记不能对任何看似没有危险的情景抱有麻痹大意的思想。

（6）保护者在保护过程中也并非完全处于安全状态之中，因此也要注意对自我的保护，对各种可能的危险做好应急准备。例如，当第一名攀登者出现失误时可能会制造出高空坠落物，那么此时处于下方的保护者就有被砸到的危险。

第四章　户外运动与拓展训练的安全保障理论与方法

随着户外运动和拓展训练在我国的兴起与发展,越来越多的健身爱好者参与其中,但也出现了很多安全事故。这些安全事故的发生不仅与运动者安全意识薄弱、缺乏户外经验和运动技能等因素有关,也和户外运动与拓展训练的安全保障体系不健全有关。因此,本章旨在探索构建一个包括运动疲劳恢复、运动营养补充以及运动伤病处理的户外运动与拓展训练安全保障体系,以为运动者安全参与户外运动与拓展训练提供理论与方法指导,提高运动者的安全防范意识,促进户外运动与拓展训练健康有序发展。

第一节　运动疲劳与恢复

一、运动疲劳的概念

运动疲劳指的是机体生理过程中不能持续其机能在一特定水平或各器官不能维持预定的运动强度的现象。

二、运动疲劳的分类

(一)根据疲劳产生的方式分类

根据疲劳产生的方式,可将运动疲劳分为以下两种类型:

1. 快速疲劳

快速疲劳是指在短时间内参与剧烈的运动，使身体机能下降，由此产生的疲劳。

2. 耐力疲劳

耐力疲劳指的是长时间参与强度较小的运动时，身体机能逐渐下降，由此引起的疲劳。

（二）根据中医学理论分类

传统中医学理论认为，人体五脏六腑受损后，若不能及时调整，则会导致阴阳升降杂乱无序，从而引起疲劳。根据中医学理论，可以将运动疲劳分为单一脏腑疲劳和脏腑联合疲劳两种类型，如图 4-1 所示。

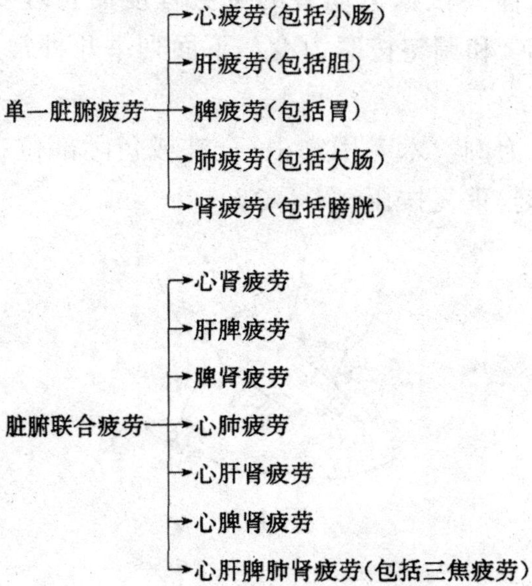

图 4-1

三、运动疲劳的恢复方法

在户外运动与拓展训练中出现疲劳是正常现象，出现疲劳后要及时消除，以免因疲劳积累而影响机体健康和锻炼效果。运动者参加户外运动与拓展训练，要掌握一些消除疲劳的基本方法，以促进生理与心理快速恢复正常状态。下面重点分析常见的几种运动疲劳消除方法。

（一）物理措施

1. 按摩

按摩对人体各器官、系统的功能都有重要的影响，它能够调节使人体血液循环，促进人体心血管功能的提升和大脑疲劳的消除。运动疲劳会影响人体的免疫功能，使人体免疫力下降，而通过按摩可以改善这种情况。在不同的运动时期都可以进行按摩，如果是为了消除疲劳，使身心恢复正常状态，则主要以运动后按摩为主。具体要依据运动者的疲劳程度而合理安排按摩时间（30 ～ 60 分钟）和调整按摩力度。下面列举几种常见按摩方法：

（1）按法。

以掌按法为例。术者用掌根、全掌或鱼际部位在施术部位按压，稍停留片刻，重复按压（图 4–2）。

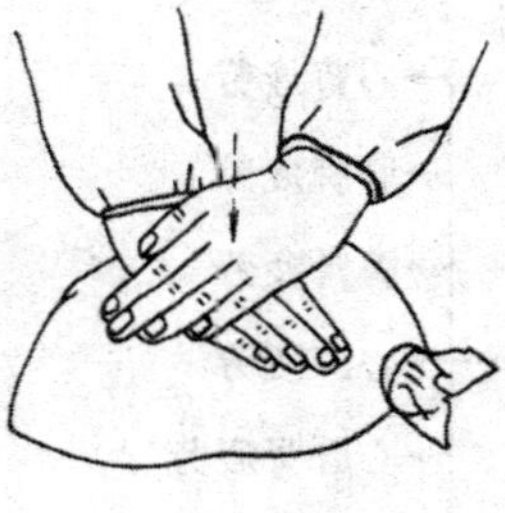

图 4–2

（2）摩法。

以掌摩法为例。术者手掌贴在施术部位，掌心和掌根持续环转摩动（图 4–3）。

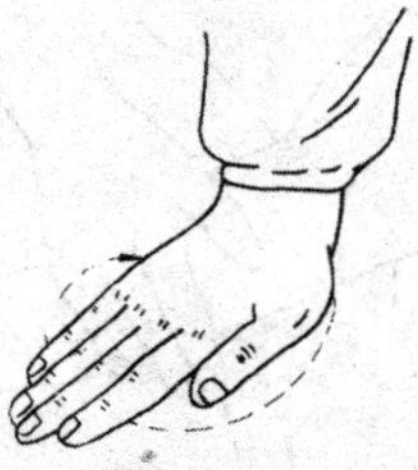

图 4–3

（3）叩法。

术者双手都半握空拳，掌根及指端着力，双手交替对施术部位进行叩击（图 4–4）。

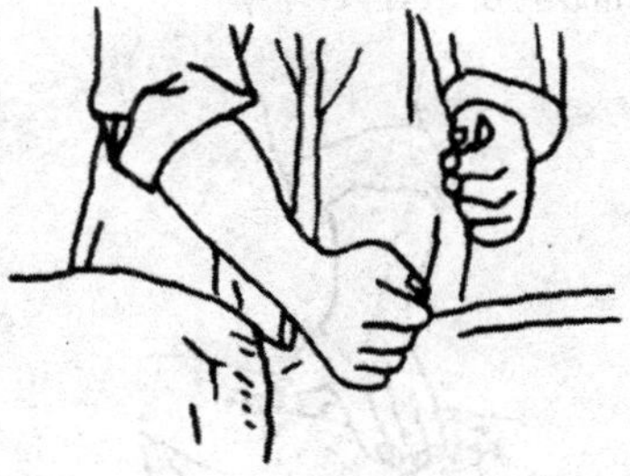

图 4–4

（4）击法。

以拳击法为例，术者单手或双手握拳，空拳在施术部位一起一落有节奏地击打。也可以反拳击打（图 4–5）。

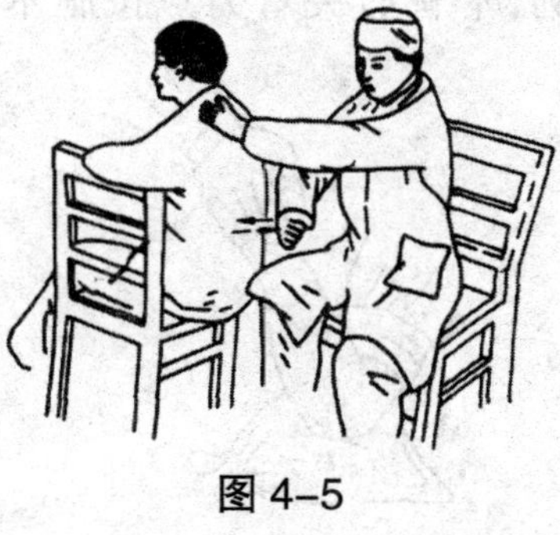

图 4–5

（5）搓法。

以掌搓法为例。术者双手合抱在受术者肩部前后，一前一后用力揉搓，逐渐下移到腕部，再从下向上揉搓（图 4–6）。

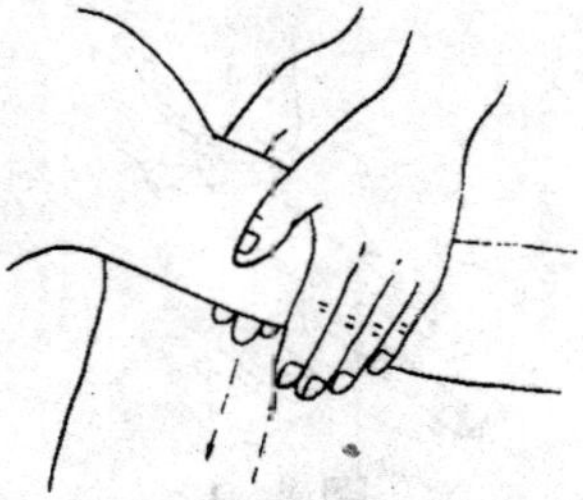

图 4–6

（6）颤法。

术者伸直掌指，平放并贴紧施术部位，用腕力、臂力急剧而细微地左右摆动，摆而滞为颤（图 4–7）。

图 4–7

（7）点法。

以肘尖点法为例，术者肘尖着力点按施术部位（图 4–8）。

图 4–8

（8）拨法。

以拇指拨法为例。术者拇指伸直，其余四指握拳，用拇指拨动施术部位（图 4–9）。

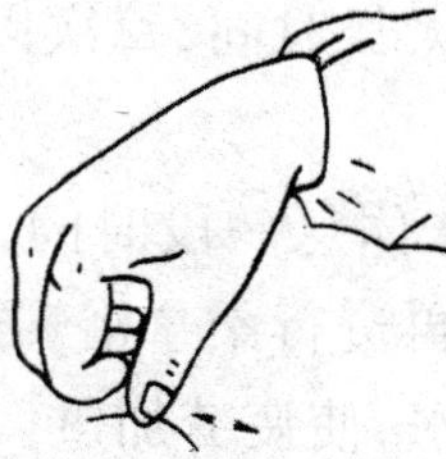

图 4–9

（9）拿法。

以五指拿法为例。术者双手放在施术部位，拇指与其余四指相对，在施术部位用力拿提，动作要有节奏，持续进行（图 4–10）。

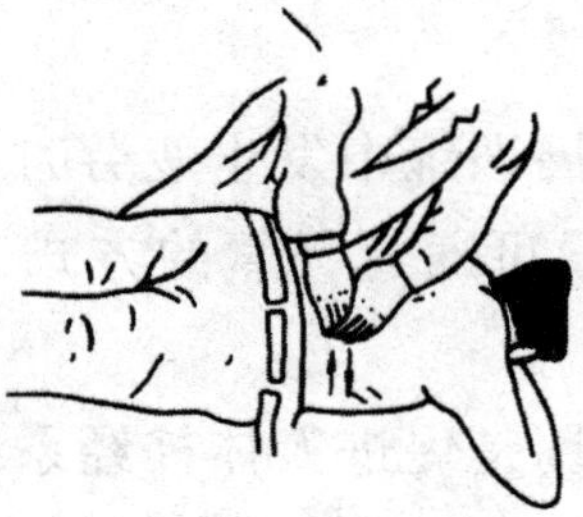

图 4–10

（10）揉法。

以掌揉法为例。术者一手鱼际部位放在施术部位，前臂以肘为支点旋转摆动，带动腕部轻缓地旋揉（图 4–11）。

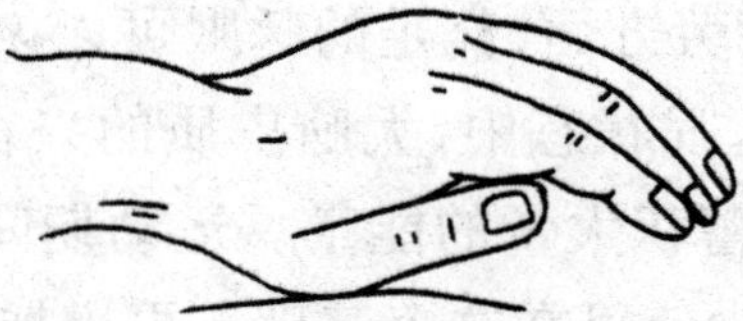

图 4–11

2. 桑拿浴、温水浴

（1）桑拿浴。

在高温环境下进行桑拿浴，可促进血液循环的加快，增加排汗量，从而将体内代谢产物及时排出去。桑拿浴的注意事项有以下两点：

第一，一次不要持续太长时间，每次以5分钟左右为宜，可反复四五次。

第二，运动结束后，先休息一段时间，然后补充营养物质，尤其要注意补充水分，然后再进行桑拿浴。运动结束后切忌立即进行桑拿浴，否则会引起脱水，使疲劳加重。

（2）温水浴。

温水浴在促进肌肉物质代谢、加快血液循环、消除疲劳等方面具有重要作用。进行温水浴时，适宜水温是40℃左右，适宜时间是10分钟左右，如果时间过长，会使肌肉疲劳加重。

3. 吸氧与负离子吸入

在户外运动与拓展训练中发生疲劳时，大量酸性代谢产物积存在血液中，这个时候可通过吸氧的方式来加快乳酸氧化，以缓解疲劳。

负离子吸入的作用是促进人体神经系统功能的提升，加快组织氧化的速度，从而消除疲劳。

（二）劳逸结合

1. 睡眠

在消除运动疲劳方面，充足的睡眠可以说是一个非常简便有效的好方法。在睡眠状态中，大脑皮质的兴奋性减弱，机体合成代谢加快，此时可蓄积大量的能量。运动期间每天睡眠时间以8小时左右为宜，青少年可在这个基础上再增加1小时左右。

2. 放松活动

合理有效的放松活动是非常重要的主动恢复方式，能够使人体各系统从运动状态慢慢向安静状态过渡，并能放松肌肉，从而促进运动疲劳的消除，迅速恢复体力。

常见的放松活动主要有肌肉、韧带拉伸等练习，这种练习能够消除肌肉中蓄积的乳酸，使肌肉酸痛减轻。此外，慢跑和呼吸体操也是非常重要的放松活动，可促进血液循环，快速消除代谢产物。

（三）营养补充

在户外运动与拓展训练中，人体新陈代谢加快，体内大量的能源物质被消耗，如脂肪、糖、蛋白质会被外周的运动器官大量消耗，与此同时，乳酸、酮体、氨等大量代谢产物出现，造成人体疲劳。此时，需要尽快补充营养物质，给身体注入能量，这样可以调节改善生理功能，从而缓解疲劳，恢复体力。运动营养补充的具体方法可参考本章的第二节内容。

（四）中草药

中医学者指出，运动疲劳与中医内伤虚劳病之间有着密切的关系，主要是与脾、肾功能变化和受损程度关系密切。一些中草药有补脾、补肾、活血化瘀之功效，运动者服用这些中草药，可有效消除疲劳，促进机体恢复。对消除疲劳有益的中草药见表 4-1。

表 4-1 消除运动疲劳的中草药[①]

功效	中草药
补脾	四君子汤（增加骨骼肌糖原含量） 补脾 I 号口服液（改善免疫功能） 复方生脉饮（提高耐力） 复方党参液（抗疲劳）等
补肾	蛾公口服液（提高耐力） 益肾口服液（增强抗应激能力） 补肾益寿片（补肾壮阳）等
活血化瘀	复方丹参（抗疲劳） 补脾活血复方（降血脂）等

① 姚鸿恩．体育保健学（第四版）[M]．北京：高等教育出版社，2006.

第二节　运动营养与补充

一、运动者合理营养的原则

营养与运动之间存在着非常密切的关系，营养在很大程度上会影响运动锻炼效果。人们在运动过程中会消耗一定的能量，运动后通过补充营养物质，可以弥补机体消耗的能量。如果运动后不及时通过补充营养来弥补消耗的能量，就会使机体处于能量亏损状态，从而影响机体健康，出现疲劳、疾病症状，这也会影响运动能力，不利于继续参加运动。要维持健康，提高健康水平，既需要运动锻炼，也需要补充营养，这两个条件缺一不可。其中，合理营养是物质基础，运动锻炼是重要手段，锻炼中消耗能量，锻炼后补充营养，使大量能源物质积存在体内，获得超量恢复，促进机体各系统功能的改善。合理营养和运动锻炼相结合，可全面增强体质，提升健康的高度。

参与户外运动与拓展训练，要注意合理营养，意思是每日摄入的食物所提供的热量和营养素与每日运动所消耗的能量和营养素之间保持平衡。[①]运动者一日三餐的食物中要保证所含热能充足，含有各种机体所需的营养素（蛋白质、脂肪、糖类、维生素、无机盐、水分等），食物中营养素的含量要适当，整体搭配比例要适宜，这就需要运动者合理选择食物种类和控制食物总量。具体来说，运动者合理营养需贯彻以下几项原则：

（一）三大宏量营养素比例适宜

一天所补充的食物中所含三大宏量营养素（糖、蛋白质、脂肪）比例要适宜，食物总能量中，糖占60％～70％、蛋白质占

① 张钧，张蕴琨．运动营养学（第二版）[M]．北京：高等教育出版社．2010.

10%～15%、脂肪占20%～25%。

(二)各类营养素的补充要合理

1. 糖类

由淀粉类食品(谷类、薯类等)构成,对糖及糖制品的摄入量要严格控制。

2. 脂肪

以植物性脂肪为主,饱和脂肪酸、单不饱和脂肪酸和多不饱和脂肪酸之间以1∶1∶1的比例为宜。

3. 蛋白质

优质蛋白应占1/3以上。以氨基酸为基础计算,为以维持氮平衡。每日补充的蛋白质中,必需氨基酸所供给的蛋白质应占到20%。

4. 维生素

通常,维生素B_1、维生素B_2、烟酸之间以1∶1∶10的比例为宜。若运动者有特殊需要,则根据具体情况调整,要按照适宜的供给标准来安排饮食。

5. 矿物质

在机体维生素D的营养状况处于非正常状态时,要对钙、磷的摄取比例进行严格控制,一般来说,为促进机体吸收,钙、磷的适宜比例大致在(2∶1)～(1∶1)的范围内。

(三)食物多样化

每天补充多样化的食物,可以增加食欲,促进吸收,也能使蛋白质的互补作用充分发挥出来。

一日三餐的食物最好包括鱼、禽、蛋、肉、奶、豆、米、果、菜等多种类型,不同类型食物的搭配要合理,以适宜比例来搭配摄取。

食物之间的合理搭配有助于提高营养价值。

总之,运动者的健康与运动能力在很大程度上受到膳食营养的影响。当前,运动者也愈发意识到了膳食营养的重要性,所以很关心每天吃什么、吃多少、怎么吃、何时吃的问题,解决好这些问题,能够大大提高机体健康水平,并为运动能力的提升奠定良好的体质基础。

二、运动者补充营养的需求

(一)对热源营养素有特殊需求

糖、脂肪和蛋白质是非常重要的热源营养素,其中糖类的分解反应简单,易氧化,其余两种热源营养素分解反应复杂,不易氧化和完全燃烧。硫化物作为蛋白质的代谢产物,会使血液变成酸性,这样就容易过早出现疲劳。所以,运动者的热量供给主要应来自于动物性食物和谷类食物,以提高热量的供给效率。粗粮、水果、植物种子、蚕豆、坚果等是糖类的主要来源,所以运动者可以将坚果和水果搭配食用,这样更有营养价值。

(二)蛋白质的补充

运动者在生长发育期、运动期和减重期若遇到营养水平下降的问题或热能减少的问题,就要特别注意补充蛋白质,适当增加补充量,且以优质蛋白为主。需要注意的是,体液在蛋白质代谢产物的影响下会变成酸性,这样疲劳感就会出现得更早一些,或者会加重,为预防这一情况,运动者在补充蛋白质的同时,还要配合补充碱性食物,如蔬菜、水果等。

(三)维生素的补充

运动过程中,人体耗氧量、需氧量以及所需能量都会增加,这样导致体内就会出现非常多的自由基，此时为消除多余的自由基，必须消耗体内大量的维生素 B、维生素 C、维生素 E 等抗氧化物质。所以，运动者在运动前与运动后都要适量摄入富含维生素的食物和维生素 E 补充剂。这不仅能够消除体内多余的自由基，还能使肌肉酸痛感减轻、加快疲劳消除和促进体力恢复。

（四）无机盐的补充

运动者对无机盐的需要量与正常健康人对无机盐的需要量基本一样。一般来说，运动者每天食盐量以 6 ～ 10 克为宜，钙以 1 000 ～ 1 200 毫克为宜，铁以 20 ～ 25 毫克为宜。

需要注意的是，如果运动量大，或者在高温下运动，则机体对无机盐的需要量就比较大，所以要适当增加无机盐的补充量，以免因体内无机盐不足而造成肢体无力，进而影响运动能力和健康。

（五）水分的补充

人在运动过程中，体内能量消耗，身体发热，温度升高，此时机体热平衡主要靠出汗来调节。有多方面的因素会影响人体在运动中的排汗率和排汗量，其中最主要的影响因素是运动强度、运动密度和运动持续时间，排汗量与排汗率随运动强度的加大、运动持续时间的延长而增加。此外，运动者的排汗量还会受到外界气温、湿度、运动者运动水平和热适应情况等因素的影响。运动者大量排汗，若不及时补液，容易发生脱水，并使心血管系统的负担加重，造成循环功能障碍，损害肾功能。因此参加户外运动与拓展训练，及时补充适量的液体非常重要。

三、运动者合理营养的科学安排

运动者合理营养的科学安排主要应做到以下几点：

（一）食物的数量和质量应满足运动所需

运动者选择食物时，主食是必不可少的。运动者在运动中所需的能量可从主食中所含的丰富糖类中得到供给。但要注意一点，糖类释放能量的速度较快，容易给人体带来一定的压力，从而使皮质醇在一定的刺激作用下快速产生。所以，对于糖分较高的食物，运动者在运动时尽可能不要食用。

在肉类的选择上，也要注意控制摄入量。蛋白质缺乏症目前在我国运动者群体中已经不是普遍现象了，而且人体能够从肉类食品中获得的能量毕竟是有限的，如果过多摄入肉类食品，虽然可以补充蛋白质，但同时也会增加人体脂肪，危害身体健康，引起一些疾病，如高脂血症、冠心病等。

在补充蛋白质时，要合理安排不同类型蛋白质的比例，而且不要只从肉类食品中补充蛋白质，也可适当食用豆制品、牛奶等，同样可以补充蛋白质。在蔬果的补充方面，要做到数量多样，对于一些可以直接食用的蔬菜，不需要额外加工，洗净后生食即可，因为加工过程中很容易造成蔬菜中营养素的流失，生食可以最大化地保留蔬菜中的营养素，更健康。

（二）食物多样、营养平衡

运动者要合理补充酸性食物与碱性食物，以求酸碱平衡、营养平衡。这里需要注意一个问题，即不能通过食物的味道来判断食物是酸性还是碱性，酸性食物和碱性食物与食物的味道本身没有必然的联系。判断是酸性食物还是碱性食物，要看食物经过消化吸收和代谢后产生的食物是阳离子占优势还是阴离子占优势。酸性食物指的是某种食物经代谢后产生阴离子（磷、氯、硫等）占优势的食物；碱性食物指的是某种食物经代谢后产生的阳离子（钾、钠、钙、镁等）占优势的食物。所以并不是说味道酸的就是酸性食物，其他就是碱性食物。常见的酸性食物有肉、鱼、蛋类和米面等，它们虽然味道不是酸的，但经过代谢后产生的阴离子较多。常见的碱性食物有柠檬、柑橘、杨桃等，这些食物虽然有酸酸的味道，但代谢后产生的阳离子较多。

运动者参加户外运动与拓展训练后，不宜大量摄入酸性食物，这主要是由于运动后体内的蛋白质、脂肪、糖类被大量分解，产生一些酸性物质（乳酸、磷酸等），人体组织器官在这些酸性物质的刺激下会产生不适症状，如肌肉酸胀、精神不振等。如果运动者在运动后大量摄入鱼、肉等酸性食物，会进一步增加体液的酸性化程度，这对人体组织器官功能的恢复是不利的，甚至会造成酸中毒，使人体健康受到严重威胁。

因此，运动者在参加户外运动与拓展训练后应多补充一些碱性食品，如菠菜、海带、四季豆、萝卜、黄瓜、南瓜、西瓜、莲藕、香蕉、苹果、草莓等，以蔬果和豆制品为主，以维持机体的酸碱平衡，这有助于缓解因运动而产生的疲劳症状，增强体质，促进健康。

（三）合理安排一日三餐

运动者每天要合理安排早中晚三餐，食物种类应丰富，数量应适宜，每天要根据运动量而合理选择与科学安排，不能只选择自己喜欢吃的食物。运动者要从自己的运动情况、生理状况等出发而对每日膳食进行安排，每餐数量要有保证，质量要达到一定水平，两餐之间间隔时间要适宜，要有助于消化吸收。每日饮食要与日常生活制度相适应。合理安排每日膳食有助于促进运动效果、工作效率以及生活质量的提高。

有关专家建议，一日三餐中每餐热能占全天总热能的适宜比例为早餐25%～30%，午餐40%，晚餐30%～35%。一般来说，两餐之间应有4～6小时的间隔时间，中间可以加餐，以水果、坚果为主，具体视个人情况而定。

（四）合理补水

运动者补水不能根据口渴程度来判断，补水原则是补充机体失水量，保持水分平衡，按照这一原则来决定补充多少水。在日常运动锻炼中，如果运动者出汗不明显，那么水的补充量以每日 2 000 ～ 3 000 毫升为宜；如果出汗量多，而且是长时间出汗，则补水要坚持少量多次原则，建议每隔半小时补充 150 ～ 250 毫升的水。运动者不仅要在运动中和运动后补液，还要在运动前补液，考虑到运动中水分的最大吸收速率，建议运动前补液量以 400 ～ 700 毫升为宜。

运动中补液要根据运动时间而定，如果运动时间不超过 1 小时，建议每 15 分钟补充 150 ～ 300 毫升的水分；如果运动时间在 1 ～ 3 小时之间，补水以糖水为主，预防低血糖。一般不建议运动者以冰水作为补液的主要来源。在运动中过量饮用冰水会给人体消化系统功能带来不良影响。

（五）适当补充营养保健品

运动者为了提高运动的有效性，在运动中取得良好的增强体质的效果，需要在合理安排饮食的基础上根据自己的身体情况适当补充一些营养保健品，也就是功能食品。这类营养品比较特殊，专为运动人群设计，专业运动员补充的更多一些。在选择营养保健品这个问题上，必须要理性，科学选择，不能盲目。

（六）养成合理的饮食习惯

一般来说，空腹状态下和饱腹状态下都不适宜运动，空腹和饱腹时运动不利于人体健康。运动者在运动前半小时补充少量食物即可，这主要是为了给机体提供能量，预防运动中出现功能紊乱的情况，同时也是为了促进运动效果的提高。饮食后不宜立即运动，至少要间隔半小时，如果是早上去户外运动，早餐则以谷类食品、奶制品、水果饮品及运动营养食品等为主，但要注意少量摄取，不易消化吸收的食物不宜出现在早餐食谱中。

第三节　运动伤病与处理

一、运动损伤与处理

（一）运动损伤的概念

运动性损伤指的是体育锻炼者或运动员在运动过程中或由于运动而造成的身体损伤。[①]一旦发生身体损伤，不仅会对体育锻炼者和运动员的正常生活造成严重的影响，还有可能在他们的心理上蒙上一层阴影，这对体育运动的发展也是一种制约。

（二）运动损伤的分类

运动性损伤的常见分类方法与类型如下：

1. 根据受伤轻重程度分类

根据运动者受伤的轻重程度，可以分为轻伤、中等伤和重伤。

2. 根据受伤的组织结构分类

根据受伤的组织结构，可以分为皮肤损伤、骨关节损伤、肌肉韧带损伤、神经损伤、血管损伤、内脏器官损伤等。

3. 根据伤后皮肤黏膜是否完整分类

根据伤后皮肤黏膜是否完整，可以分为闭合性损伤和开放性损伤。

（三）运动损伤常见处理方法

1. 物理疗法

物理疗法是理疗的全称，就是将自然界及人工的物理因子作

① 王予彬，王人卫．运动创伤学[M]．北京：人民军医出版社，2008.

用于人体,从而预防伤病和治疗疾病的方法。

（1）物理疗法的作用。

物理疗法具有以下几方面的重要作用:

第一,消炎作用。采用温热疗法、高频电疗等物理疗法能够使血液循环得到改善,促进机体吸收炎性产物,以减轻损伤症状。

第二,兴奋作用。采用低频电疗、中频电疗等理疗方式能够使肌萎缩、神经麻痹的患者的神经及肌肉处于兴奋状态,有助于减轻症状。用超刺激电流疗法、感应电疗法等理疗方法可以缓解局部感觉障碍。

第三,镇痛作用。物理因子作用于人体,其产生的镇痛作用是比较显著的。

第四,缓解肌肉痉挛的作用。采用温热疗法等理疗法能够使局部血液循环得到改善,使肌张力降低,从而使肌肉痉挛症状得以缓解。

第五,调节神经系统的作用。物理疗法中在调节神经系统方面具有显著作用的主要是电疗法,中枢神经系统紊乱、自主神经失调、自主神经功能失调等疾病患者采用电疗法可达到良好的神经调节效果。

第六,防止肌萎缩的作用。物理疗法中能够预防肌萎缩的方法主要是低频电疗法,采用这一治疗方法,不管是因为神经失用造成的肌萎缩,还是因为反射性抑制造成的肌萎缩,都能得到有效的预防。

（2）物理疗法的具体内容。

常见的物理疗法具体包括光疗法、电疗法、超声波疗法、磁疗法、冷疗法、温热疗法等。下面简要分析光疗法和冷疗法。

光疗法是利用阳光或人工光线来防治疾病和促进康复的一种物理疗法,具体包括紫外线（杀菌消毒）、红外线（热效应、增强免疫功能）、激光（抗炎、烧灼和切割）等。

冷疗法是用冷水、冰等低于体温的物理因子对人体皮肤或黏膜施加刺激,从而达到防治疾病和减轻损伤等目的的方法。冷疗温度低于体温，但不低于 0℃，它的具体作用表现为预防水肿、镇痛、止血、减少氧消耗等。

2. 药物治疗

在运动损伤的常见处理方法中，药物治疗方法非常有效。药物有中药和西药之分。中药是我国医学史上的重大成果，其特点和优势主要是种类多、见效快、疗效好。在治疗运动损伤方面，采用内服和外用的中药能够起到良好的治疗效果。在运动损伤的治疗过程中采用中药疗法，必须遵守医学诊治法则和辨证论治原则，治疗方法因损伤部位、损伤时间和损伤程度等因素的不同而有所区别。治疗过程中要注意从整体出发，不仅要治标，也要治本，将内外治疗结合起来。

中医中药也有自身的局限和不足，有些损伤也不宜用中医中药方法治疗，而且单纯采用中医中药或西医西药来治疗运动损伤的效果总是不及将中西医结合起来治疗运动损伤的效果好。

3. 传统疗法

（1）运动按摩。

运动按摩是以运动项目的特点为依据，在运动过程中合理运用按摩技能，以对运动者的运动器官功能、心理状态进行调节与改善，从而促进运动效果提高和运动功能恢复的方法。实践证明，运动前按摩能够在一定程度上预防运动损伤的发生，运动中按摩能够使机体的紧张与疲劳消除，运动后按摩能够使损伤的部位得到修复。按摩手法可参考本章第一节运动疲劳恢复方法中的按摩手法。

（2）针刺疗法。

针刺疗法是用特制的金属针具刺激体表部位或穴位，并运用一定的操作手法来调和气血，疏经通络，从而治疗损伤与疾病的一种传统疗法。在传统中医疗法中，针刺疗法的运用非常普遍，它的主要作用体现在镇痛、防御免疫、调节机体系统功能等方面。

采用针刺疗法，需要注意以下几点：

第一，不宜对处于疲劳、饥饿、精神紧张状态下的患者采用针刺疗法。如果患者身体瘦弱、气虚血亏，则让其在卧位下接受治疗，而且施治者手法要轻一些。

第二，直刺、深刺的手法不宜用在胸胁和腰背的腧穴上。

第三，如果患者出血不止，则不适宜采用针刺疗法。

第四，如果受伤部位被感染，或者有溃疡、瘢痕，则不宜采用针刺疗法。

(3)拔罐疗法。

拔罐是以杯罐为工具利用火的燃烧排除罐内的空气产生负压吸附在皮肤上来治疗疾病的方法。这一传统疗法主要有机械负压刺激、温热、抗炎等作用。

采用拔火罐的方法来治疗运动损伤，要注意以下几点：

第一，患者保持舒适体位，拔罐过程中不要移动。

第二，在肌肉丰满、富有弹性的部位拔罐，不宜在骨骼凹凸部位和有毛发的部位拔罐。

第三，点火时注意安全，以免烫伤患者。

第四，患者要特别注意保护拔罐部位，避免着凉。

4. 保护支持带

为促进受伤部位尽早恢复，预防伤处再次受伤，需要正确使用保护支持带。保护支持带的作用主要表现在以下几方面：

第一，避免受伤部位组织松弛，使关节更加稳定。

第二，对肌肉、关节的超常规活动予以限制，预防受伤部位二次受伤，并使已伤组织得到放松，促进恢复。

只有正确使用保护支持带，才能达到良好的治疗效果，否则会加重伤情。使用保护支持带要将关节固定于适宜位置，以不牵扯受伤组织和受伤组织活动时不加重疼痛为宜。

常用的保护支持带如下：

（1）腕关节支持带，如图 4-12 所示。

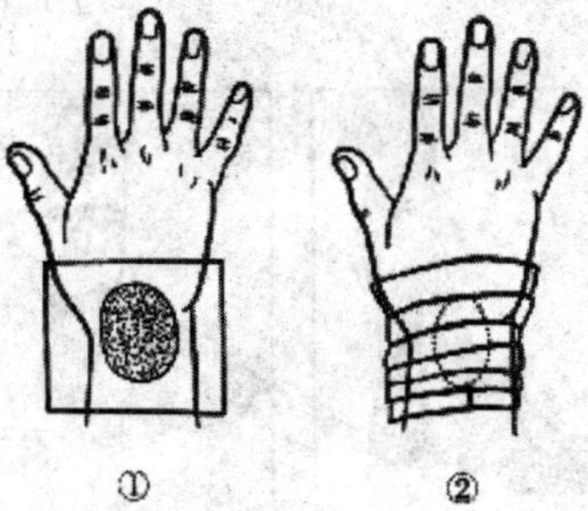

图 4-12

（2）肘关节支持带，如图 4-13 所示。

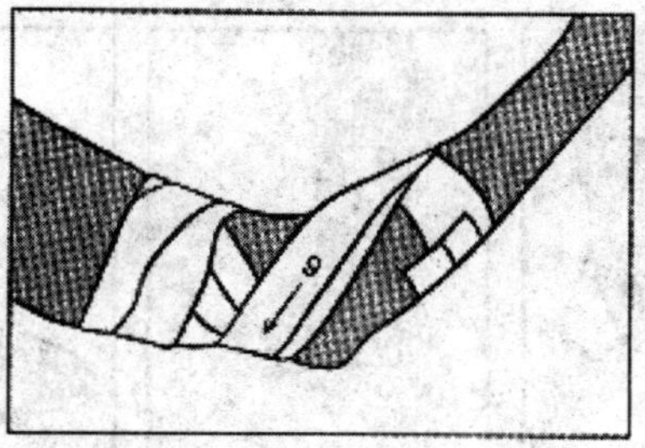

图 4-13

（3）膝关节支持带，如图 4-14 所示。

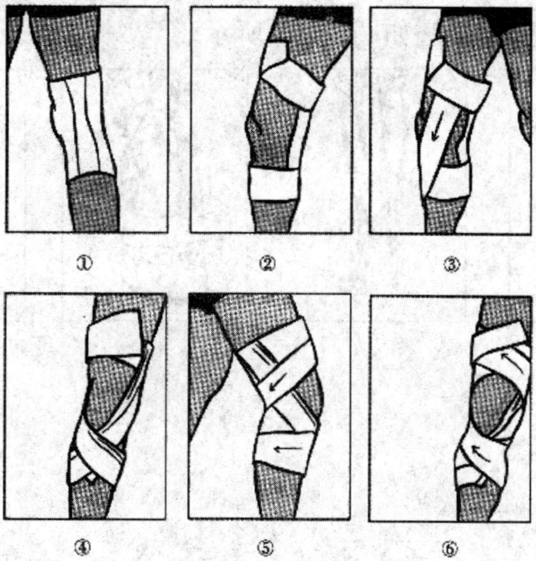

图 4-14

（4）踝关节支持带，如图 4–15 和图 4–16 所示，分别为限制内翻、限制外翻。

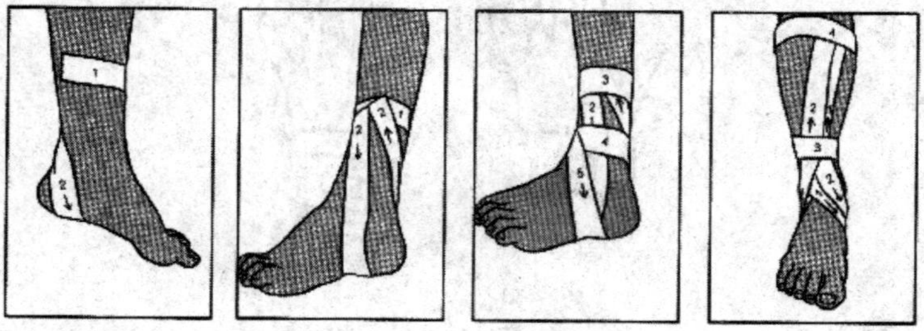

① ② ③ ④

图 4–15

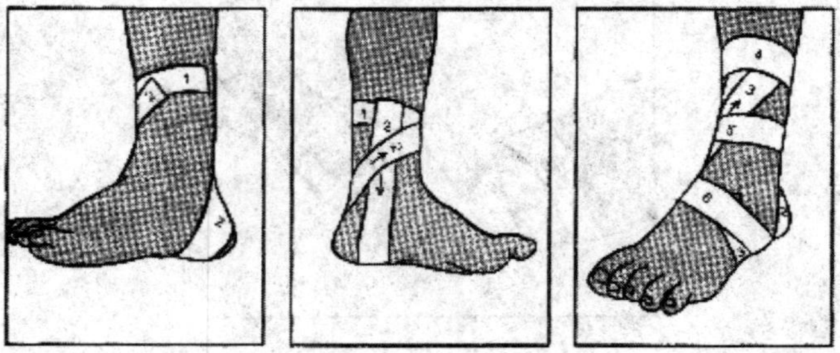

① ② ③

图 4–16

（5）跟腱支持带，如图 4–17 所示。

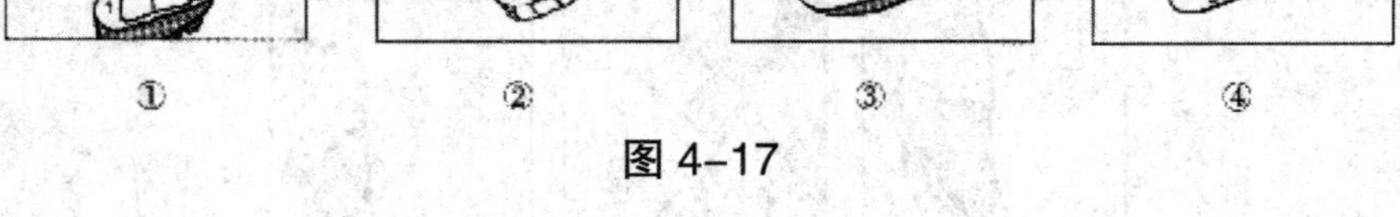

① ② ③ ④

图 4–17

（6）足弓支持带，如图 4-18 所示。

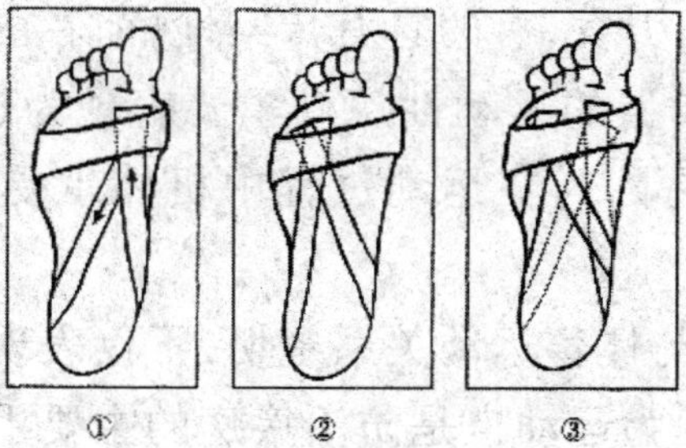

图 4-18

（7）第一跖趾关节支持带，如图 4-19 所示。

图 4-19

二、运动疾病与处理

（一）运动疾病的概念

运动疾病是指运动员或运动者在运动时所选择的运动方式、方法不当或者过度运动而引起的疾病，如运动性疲劳、运动性贫血、肌肉酸痛、低血糖症等。[①]

（二）运动疾病的特征

1. 运动性疾病与体育运动关系密切

一般来说，运动过程中运动负荷量和运动强度过大是造成运

① 姚鸿恩 . 体育保健学（第四版）[M]. 北京：高等教育出版社，2006.

动者发生疾病的直接原因。运动疾病与普通疾病最主要的区别是,后者由病原体引发,有的具有传染性,前者由运动强度过大引发,不会传染。典型的运动性疾病主要表现为过度紧张、过度疲劳等,这主要就是因为在运动过程中机体承受的运动负荷过大而造成的。

运动性疾病与体育运动关系密切,不仅表现为疾病的产生与运动有关,还表现为运动也是防治疾病的主要手段之一。对于因为运动负荷量和运动强度不适宜而造成的运动疾病,主要通过合理安排运动负荷来达到防治的效果。

2. 运动疾病的临床特征

一般人与专项运动员在生理机能上存在显著差异,与高水平运动员的差异更显著,主要原因是专项运动员经过系统训练后,心脏肥大或窦性心律过缓,这是他们在生理机能上表现出来的普遍性特征,而一般人不具备这个特点。运动者的生理机能变化有些正常,有些不正常(病理变化),具体要根据运动者的实际运动水平进行判断。

(三)常见运动疾病与处理

1. 肌肉痉挛

肌肉痉挛即“抽筋”,是指肌肉发生不自主地强直收缩的一种症状。人体的腓肠肌、足底的屈拇肌和屈趾肌最容易发生痉挛。症状为发病急,局部发生不自主肌肉强直收缩,僵硬,疼痛难忍且一时不易缓解,痉挛肌肉所涉及的关节出现运动障碍。

不同部位肌肉痉挛的紧急处理方法如下:

(1)大腿后群肌肉、小腿腓肠肌痉挛。

患者仰卧,两臂自然放于体侧,抬起伤肢,与躯干约成120°,术者一手扶踝关节跟腱部,一手握住脚前掌,连续突然发力使踝关节屈伸,拉长腓肠肌,直到症状消除。

（2）股四头肌痉挛。

患者俯卧，两臂自然放于体侧，抬起伤肢，屈小腿，术者一手扶胫骨上端，一手做局部按摩。

（3）屈拇、屈趾肌痉挛。

用力将足趾背伸。

（4）腰背竖脊肌痉挛。

患者坐在地上，两腿伸直。术者两手扶于肩胛处适度发力使上体前屈，待痉挛消除后做局部轻微按摩。

2. 运动性腹痛

运动性腹痛是指在运动过程中或运动结束后，由运动而引起的腹痛现象。由呼吸肌痉挛或活动紊乱引起的腹痛多为锐痛，出现在肋部和下胸部；由肝脾淤血肿胀引起的腹痛多为钝痛、胀痛或牵扯性痛，出现在左腹部；由胃肠道痉挛或功能紊乱引起的腹痛多为钝痛、胀痛甚至绞痛，出现在肚脐周围、左下腹。

运动性腹痛的处理方法如下：

（1）降低运动速度，用手压患部，加深呼吸，调整呼吸与运动节奏。若疼痛未减轻，反而加剧，应停止运动。

（2）肠胃痉挛时可口服普鲁本辛，或掐点内关、足三里、大肠俞等穴位。

（3）腹直肌痉挛时可进行局部按摩或背伸牵拉腹肌。

3. 运动性血尿

正常人的尿液中没有红细胞。而在剧烈运动后引起显微镜下血尿，经检验无原发病者，称为运动性血尿。运动性血尿多在运动后即刻突然出现，运动负荷量和强度直接影响疾病的严重性，除血尿外无其他任何体征。出现血尿后，只要停止运动，一般3天之内即可完全消失。

出现血尿者应停止运动进行检查。若属运动性血尿，应减少运动负荷量，进行药物治疗；若属器质性疾病，应针对病因进行治疗，避免进行剧烈运动。

4. 运动性贫血

运动性贫血指的是血液中红细胞数目及血红蛋白量低于正常生理数值的现象。运动性贫血主要症状是头晕、乏力、易倦、记忆力下降、食欲差等。运动时症状较明显，常伴有气促、心悸，主要的体征为皮肤和黏膜苍白，心率较快，心尖区可听到收缩期吹风样杂音等。血红蛋白数量及运动负荷大小直接影响症状。

运动性贫血的处理方法如下：

（1）减少运动量，必要时应停止运动。

（2）改善营养状况，多补充蛋白质和铁。

（3）口服硫酸亚铁片剂。

5. 中暑

人体正常温度在36.5℃～37℃之间。长时间参与运动，身体热量急剧增加，体温剧烈升高，易引起整个身体机能特别是大脑机能发生障碍，从而导致中暑。中暑的主要症状表现为头痛、头晕、眼发黑、心慌、心跳、气喘、口渴、恶心、皮肤发烫、抽筋等，严重时会昏迷，不省人事等。

中暑的紧急处理方法如下：

（1）迅速脱离热环境，到阴凉通风处休息，并采取降温、消暑措施，如解开衣扣，喝清凉饮料，服用人丹、十滴水或藿香正气水等防暑药物。

（2）对于高热中暑病患者，主要采用物理降温或合并药物降温的方法，如冷敷、冷水淋浴、冰袋冷敷、50%酒精擦浴等紧急降温措施。

（3）对于日射病患者，重点给头部降温，患者仰卧，头部垫高，用冰袋冷敷额部或以50%酒精（或白酒）擦身。

（4）对于热痉挛及热衰竭病患者以补充生理盐水或葡萄糖生理盐水为主，可大量口服含盐的饮料。

如果采取上述治疗措施后效果不明显，必须及时送医。

第五章　户外运动与拓展训练的安全管理体系

户外运动与拓展训练在开放的自然环境中开展，因此对于运动者个体或群体、活动组织机构及整个社会来说，都应该重视户外运动与拓展训练安全管理，以确保在参与户外运动与拓展训练的过程中的活动安全和活动顺利开展。从影响户外运动与拓展训练的安全因素来看，涉及方方面面。本章重点就户外运动与拓展训练的安全管理体系进行分析，通过系统、深入分析涉及户外运动与拓展训练安全的各方面因素，以为运动者、组织者提供安全指导，并进一步推动整个社会的户外运动与拓展训练的安全管理体系建设。

第一节　户外运动与拓展训练安全管理的基本原理

要切实落实户外运动与拓展训练安全管理制度、措施、方法，其最重要的前提就是充分认识到户外运动与拓展训练安全管理的重要性，熟悉并掌握户外运动与拓展训练安全管理的基本原理。

一、人本原理

（一）人本原理的概念

人本原理，就是以人为本进行管理的原理。人本原理是一个组织健康运行的重要管理指导原理。

从系统构成来看,任何一个系统,其构成都必然有“人”这一要素的存在,而且“人”是系统的核心要素。人既是管理的主体,同时也是管理的客体。管理系统中各种关系的构成,也正是管理者与被管理者之间的关系。因此,要想解决好管理中出现的各种问题,最重要的就是解决好“人”的问题,以及“人与人”之间的关系问题。

(二)人本原理的管理落实

户外运动与拓展训练通常以团体形式开展,一个小的组织团队就构成了一个管理系统,要科学处理好团队之间的人际关系,使整个团队成员能够相互信任、相互团结、相互理解与协作,对于整个团队高效完成户外运动与拓展训练任务具有重要意义。

在户外运动与拓展训练管理团队中,人本原理强调在管理实践中要把人放在第一位,只有突出人的作用,使人性得到最完善的发展,只有团队中每一个人都得到尊重、关注,整个团队才能有凝聚力,整个团队才有活力,才能提高管理效益,才能提高团队活力和协作能力。

人本原理指导下,户外运动与拓展训练管理中的管理实施应遵循以下原则:

1. 行为原则

行为,是思想支配的外在表现活动,包括人体各种动作和活动实施。人的行为是受人的动机支配的。

在户外运动与拓展训练活动开展过程中,遵循行为原则,具体来说,就是要了解人的需要与动机,根据人的行为规律来进行管理。

作为户外运动与拓展训练团队的管理者,应该对本团队中的每一个成员都有充分的了解,了解他们参与户外运动与拓展训练的动机、目的,以及参与需求。通过了解这些内容,就能对每一个团队成员进行有针对性的管理，对他们的行为动机进行有效刺激（各种有效措施的制定），进而激发户外运动与拓展训练参与者的行动的积极性，使运动者能付诸各种行为来完成自身在团队中应该承担的任务。

2. 能级对应原则

"能级"是一个现代物理学中的概念，"能"是做功的量。

现代管理学认为，在任何一个管理系统中，所有的管理制度、管理决策都不可能一个人说了算，都必然存在一个小的管理团队（哪怕是两三个人）。在管理团队中，每一个人的能力不同，所擅长的知识和技能不同，因此，就存在团队组织成员的能量大小的问题。人的能量大小可以分级（图 5-1），在不同层级之间贯彻能级对应原则，要注意人的能级对应，即根据人的能力水平安排相应的能级（职位、工作任务），高能级办高能级的事，低能级办低能级的事。能级对应，简单来理解就是"能者多劳""人尽其才"。

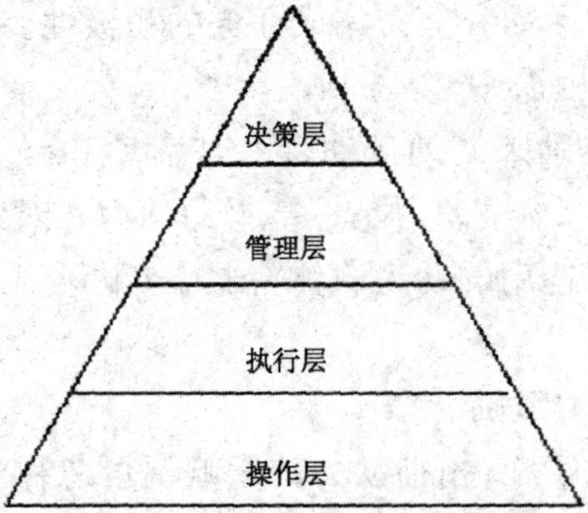

图 5-1

在户外运动与拓展训练开展过程中，存在许多不确定的危险因素，要真正地实现对整个团队的安全管理，就必须统筹兼顾、面面俱到。最有能力的人、知识与技能最丰富的人在户外运动与拓展训练安全因素的判断上最具敏锐感、最有发言权，因此，在团队安全管理中应"委以重任"，统筹协调和安排团队中其他各成员的安全负责适宜。

户外运动与拓展训练应本着安全第一的活动原则，每一个人都应具有安全意识，并做好自我安全准备和防护。同时，在团体活动中，应遵循团队不同管理等级的管理者的调配，如此才能确保活动中个人和整个团队的安全。

3. 动力原则

人的所有行动决策和最终行动的实施都是由动机引起的，动机的产生需要内部或者外部的刺激，给予动力支持。不同的动机可能产生不同的行为。动机作为行为产生的重要基础和前提，应在组织管理中引导、干预组织成员行为时受到重视。

在户外运动与拓展训练开展中遵循动力原则，就是要求团队管理者要了解团队成员的不同行为动机，通过相应的管理措施的实施，来激发成员的某一种动机，进而使其产生正确的行为决策并付诸实际行动。

参与户外运动与拓展训练，管理者具体可采取以下方法来激发团队成员参与活动和努力完成任务的积极性。

（1）物质动力激励。

即以物质奖励来调动运动者参与活动和努力完成任务的积极性。在管理中，物质动力是最基本的动力。对组织成员的物质动力激发可具体选用的动力载体有奖金、限量纪念品及其他物质奖励等。

（2）精神动力激励。

个体的行为实施，精神动力的影响不可忽视。精神对行为的影响是巨大的，驱使个体坚持从事某项活动。因此，管理者应关注团队成员的心理活动与精神因素，通过了解团队成员的思想、信仰、组织关心、集体尊重、远大理想等，有针对性地去激励团队成员克服困难、完成任务。

（3）信息动力激励。

信息动力包括知识性动力、激发性动力和反馈性动力。知识性动力是最基本的动力，掌握知识越多，越有利于管理工作；激发性动力是最重要的动力；反馈性动力能使管理者、团队成员时刻了解与团队目标的差距。在对于团队成员的科学信息动力管理操作中，应教会成员一定的户外运动与拓展训练安全常识，提高成员安全意识、安全活动能力，并在活动开展过程中，不断给予成员任务完成情况的反馈，使团队成员能在安全指导下，科学操作、顺利完成各项任务。

二、系统原理

（一）系统原理的概念

任何管理都是一个特定的系统。管理系统的各要素之间以一定的关系紧密连接在一起，共同构成一个事物存在和发展的形态。

从科学理论产生的角度来说，系统原理的理论依据是系统理论中的整体效应观点。具体来说，就是每一个系统构成都有该系统所特有的功能，如果系统中的各个要素发生了变化，可能导致系统性质和功能发生变化，系统各要素的有机排列组合，可能导致系统各要素的功能之和小于、等于或大于系统的整体功能。而良好的管理就在于通过优化系统要素的排列组合，使得系统的整体功能产生“$1+1>2$”的效果。

系统原理的实施，是管理者为了实现管理目标，运用系统理论对管理对象进行细致的系统分析，并对系统要素进行优化组织，促进系统整体效益最大化的过程。

（二）系统原理管理的落实

系统原理管理在户外运动与拓展训练的应用有助于实现团队成员之间的有效协作与配合，能为充分发挥集体力量实现集体力量的最大化奠定重要的基础。

具体来说，在户外运动与拓展训练活动开展过程中，要落实系统原理应遵循以下基本原则：

1. 整分合原则

户外运动与拓展训练活动的开展，需要同艰苦，甚至苛刻的自然环境作战，要想成功挑战自我、良好适应自然环境并成功完成任务，需要运动者团结合作。

作为管理者，在具体的管理过程中，应充分细致地了解如何完成整体工作。在此基础上，将户外运动与拓展训练的整体任务进行认真分析、分解，划分成几个小任务，并依据户外运动与拓展训练团队中的各个成员的能力和水平，进行明确分工，使每项工作规范化，进行科学的组织调配。

具体操作如下：

（1）树立整体观点。

对户外运动与拓展训练中的团队成员的活动安排，应本着扩大整体效应，实现整体目标的基本管理原则来实施。

（2）科学分解。

参与户外运动与拓展训练，在不同的活动场景、活动阶段中，往往需要团队成员再进行小组分配，分组合作，分组完成任务，为接下来的活动继续进行奠定基础。这时，管理者要做的就是分解正确，分工合理，规范科学、明确。如果在分工过程中，不能有效分配各个小任务，不能完成各个细小目标，则整个团队的目标也就难以实现了。

（3）分工与协作相结合。

分工和协作在户外运动与拓展训练活动开展中都是非常必要和重要的。分工是完成团队任务的一个有效手段，而非目的，管理者在进行分工后，要时刻关注各个分工的进度，使各环节同步协调，有计划按比例地综合平衡。同时，各个小组之间要做到既分工又协作，这样才能提高功效。户外运动与拓展训练活动开展中存在很多不安定因素，团队中的每个成员、临时小组成员之间都要有足够的信任，要做好管理者所安排好的任务，同时有效配合其他小组及成员，做到既有分工又有合作。

2. 优化组合原则

户外运动与拓展训练的团队作战需要不同的成员合理分配，共同完成任务。管理者对组织成员进行个人、小群体的任务安排，并非是随意的，有时一个小小的问题，都有可能影响整个团队的活动开展进度。如列队行进，“谁在队首、谁在队尾”，野外生存中谁搭灶、谁捕食、谁和谁结伴守夜，都需要综合考虑各方面的因素。如果任务分配不合理、分组不合理，都有可能产生矛盾或者忽略一些危险因素。因此，在户外运动与拓展训练的团队管理中，管理者的优化组合也是一门很重要的技能和学问。

户外运动与拓展训练活动开展中，管理者对团队成员的优化组合，应注意以下几点：

（1）目标优化组合。

户外运动与拓展训练的整体任务和总目标的实现，是户外运动与拓展训练的活动管理者制订各种管理计划、实施各种管理策略的重要标尺。

在自然运动环境中，要顺利有序完成户外运动与拓展训练的各项任务和活动，管理者必须要始终明确组织的最终总目标，并在确定和分配分目标任务的基础上，积极鼓励和发动参与户外运动与拓展训练的所有运动者的知识、技能要素，根据优化组合原则，把总目标层层分解到下属组织或个人，发挥每一个成员的优势与特长，结合目标安排不同的成员在活动中承担不同的任务，执行任务过程中，各小组、各成员互相促进，互相协调，最终促进总体目标的完成。

（2）小组优化组合。

管理者要实现管理过程中的人“人尽其才”，在不同任务中综合考虑优化组合的效用，如强强联合、老队员带新队员等。同时，管理者要牢牢把握住大的方向和策略，具体的一些细小的事务管理可以找专门的人员来负责，管理者无须做到事无巨细。

从管理组织结构的建立来说，整个户外运动与拓展训练团队,管理者要有自己的管理小组在管理小组中,应贯彻管理跨度原则(一个上级能直接有效领导下属人数的限度)。管理跨度的大小,受管理者的素质、能力、精力、知识、管理对象情况等因素影响,管理小组中要自上而下消息通达、能纵向有效领导,同时也能实现有效横向互通有无与密切协作。一般来说,组织管理小组(机构)内部也会形成一个组织阶层,该阶层成三角管理形态,处于三角形顶端的层级,即越是上层领导,直接管理的人越少,越往下,直接管理的人就越多。当然,一个优秀的管理者必须认识到的是,管理系统中,并非人才越多越好,关键是要做到人尽其才、人员合理搭配。

(3)人才优化组合。

在企业管理中,人才越多就会增加企业的用人成本,而合理的人才搭配能控制用人成本,并能保证企业各项工作顺利开展。企业管理中,人才要有高、中、低人才的合理搭配和组合,也要有各种特长的人才的互相配合。

在户外运动与拓展训练活动开展中,良好的团队管理要求管理者充分了解各个成员的优势与特点,每一个成员都必然有自己的长处,是某一个方面的人才,如有的人运动经验丰富、有的人心理素质好、有的人有良好的人际关系处理能力、有的人有良好的执行力。对于不同的成员,管理者要充分发挥成员中具有管理能力的人的榜样带头作用,同时也要结合各个成员的特点进行任务划分,让每一个成员都能在团队中得到重用。所有人都能发挥所长,才能促进整个团队的高效、安全完成任务。

(4)环境优化组合。

作为一种多人参与的活动,管理由管理者、被管理者和管理环境三个要素组成,良好的管理不能忽视环境优化组合,这里所说的环境是指组织外部条件(自然的、社会的、生态的)。户外运动与拓展训练组织管理应充分考虑环境因素,通过对环境因素的科学把控,来使整个户外运动与拓展训练团队的各成员都能始终处于一个彼此信任、积极主动、勇敢挑战、协作并进的状态,排除不安全、不和谐外界因素的影响。

3. 相对封闭原则

企业市场管理认为，有效的管理应是相对封闭的管理，具体是指任何一个系统内的管理手段必须形成一个由连续的相对封闭的回路构成的完整的管理系统，进而形成有效的管理运动。

在户外运动与拓展训练活动管理中，管理小组之间也应做到自我分析、决策、实施、监督的内部循环的建立，同时，还要与成员之间形成相互信任的关系，必要时应向成员解释决策依据，如此才能打消成员的各种顾虑，才能提高管理的效力和团队执行力，否则就可能产生各种猜忌，抵制。这样不仅不利于团队活动的执行与目标的实现，更有可能在执行任务过程中，由于各自为政、私自决定和行动而引发事故。

三、责任原理

（一）责任原理的概念

作为团队管理者，无论团队大小，管理者都应该为团队的安全、健康、有序运行负有必要的责任，明确自我管理责任，有助于督促管理者全面深入分析、谨慎决策。

具体来说，管理学中的责任原理是指为了实现组织目标、挖掘人的潜能，应在合理分工的基础上明确规定各个部门及个人工作任务和相关责任。

（二）责任原理的管理落实

在户外运动与拓展训练活动管理中，贯彻落实责任原理应做到以下几点：

1. 明确职责

分工是确定职责的基础，分工明确，职责划分才能明确。户外运动与拓展训练活动管理是一项系统工程，户外运动与拓展训练活动开展过程中，管理者要处理各种各样的问题，还要面临前方未知因素的考验。

为了更加高效地完成户外运动与拓展训练各项任务，管理者应该明确自身、管理组织、各团队成员的分工。没有分工，工作无法开展；分工不明，工作必然混乱。管理者在明确个人和集体在数量、质量、时间、效益等方面的严格行为规范的基础上，做到人尽其责、物尽其用。

2. 合理授权

职责与权力是统一的，在组织管理中，明确职责的同时，也应明晰权力。在企业中，员工拥有相应的权力才能积极主动履行自己的职责，企业中的具有一定职位的管理人员，具有一定的权力才能在履行职责过程中，令其他人信服并配合。

在户外运动与拓展训练管理中，管理者要明确各成员和成员小组的分工，并赋予不同的成员和成员小组以相应的权力，使其能在遇到一些“疑难杂症”和在暂时性脱离整个团队进行行动的过程中能有实力和勇气去解决一些难以抉择的问题。

授予权力应与其所承担的工作职位和任务相当，授权与担责并重，拥有权力就应该承担风险。户外运动与拓展训练的运动环境复杂，尤其是在团队成员遇到分歧时，必须明确应该听哪个领导成员的，哪个领导者应对整个团队的行动决策负责。

3. 奖惩分明、公正、及时

对于任何一个系统来讲，都不能好坏一个样，户外运动与拓展训练活动管理也不例外。

在户外运动与拓展训练的各项行动中，要关心、尊重每一个成员，同时也要做到一视同仁，赏罚分明，只有这样，才能最大限度地调动员工工作的积极性和主动性，才能促进户外运动与拓展训练各项工作的顺利开展和高效完成。

4.责任管理制度健全规范

户外运动与拓展训练活动开展过程中，各种危险因素无处不在，为了更好地做好安全管理、所有参与户外运动与拓展训练的成员都必须统一目标，如此才能相互协作、齐头并进最大化地强化团队能力，进而实现管理目标与活动目标。在具体的户外运动与拓展训练管理过程中，要使所有运动者都统一目标、统一行动，就必须建立一套健全的管理制度（岗位责任制、考绩制、奖惩制等）来规范运动者的各种行为，明确目标、明晰权责、调动成员积极性与主动性。

四、效益原理

（一）效益原理的概念

所谓效益原理，具体是指组织管理的各个环节、各项工作，科学、节省、有效使用有限的人力、财力、物力、智力和时间信息等资源，实现组织目标、效益最大化。

市场经济条件下的企业组织管理，创造最佳经济效益和社会效益是经营管理重点，同时要关注环境效益。

在户外运动与拓展训练活动管理中，应关注经济效益、社会效益、环境效益的综合实现。安全是户外运动与拓展训练活动开展的重要前提，任何效益的实现都必须建立在户外运动与拓展训练活动安全的基础上，如果户外运动与拓展训练活动中出现安全事故，则必然会影响户外运动与拓展训练活动的组织者、管理者（个人或组织）的形象，也会影响各种活动效益的最终实现。

（二）效益原理的管理落实

（1）确定户外运动与拓展训练管理活动的效益观，即要以提高效益为核心。

（2）影响户外运动与拓展训练活动管理效益的因素很多，其中活动主题、活动创意、活动安全是影响管理效益实现的重要因素。

（3）户外运动与拓展训练活动管理应追求效益，更应该追求长期稳定的高效益。

（4）户外运动与拓展训练活动管理应重视追求局部效益与全局效益的协调一致。

（5）户外运动与拓展训练活动的开展离不开一定的物力、财力支持，因此，在管理中应重视活动经济效益的实现，为以后户外运动与拓展训练活动的长期、持续开展奠定必要的知名度、美誉度。

五、动态原理

（一）动态原理的概念

动态原理，是在管理中准确、及时注意把握管理活动和对象的变化情况，不断调节各个环节，以实现整体目标的规律的概括。

在户外运动与拓展训练活动管理过程中，整个团队的人力资源、物力资源、财力资源、信息资源等都处于不断的变化之中，因此管理者的决策必须保持动态，以适应户外运动与拓展训练活动中的各种内部、外部环境变化。如果情况有变，就应及时调整活动计划和行动，将危险因素降到最低。

（二）动态原理的管理落实

户外运动与拓展训练活动管理中实施动态管理原理，要求如下：

1. 重视反馈

管理反馈，是管理信息输出与回应的一个过程，具体来说就是，系统把信息输送出去，又将其作用结果反送回来，并对信息的再输出起到调节控制作用的过程（图 5–2）。

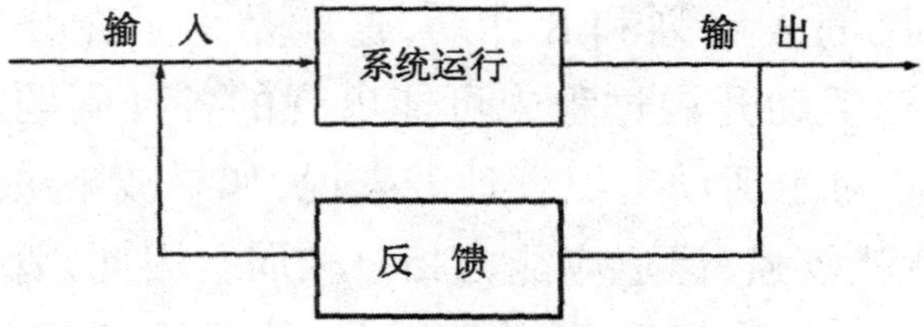

图 5–2

任何行动的开展，都必然会对行动者、行动环境产生影响，管理者做决策时充分考虑任务执行者的感受、条件与外部环境的反应，并根据来自行动实施者和环境的反馈信息，对自己的管理内容、方式、方法进行调整。

户外运动与拓展训练活动管理中，运用反馈有两种效果：

（1）正反馈——管理对行为的影响增大，造成活动开展中偏离目标的运动加剧，导致系统振荡的反馈。

（2）负反馈——管理对行动的影响减少，使系统偏离目标的运动收敛，导致系统趋于稳定状态。

2. 有效控制

管理者在收集到反馈信息后，应结合具体的反馈信息对户外运动与拓展训练活动的整个过程与组织进行有效控制。

在户外运动与拓展训练活动开展过程中，反馈与控制密不可分，反馈是控制的前提，控制是实现管理目标的有效手段。

需要特别注意的是，进行组织活动与过程控制，其主要依据就是反馈信息，因此，管理者要再三确认反馈信息十分真实、及时、有效。

3. 保持管理弹性

在户外运动与拓展训练活动的自然环境中，有很多因素是不确定的，因此，活动组织管理者的管理一定要留有余地，保持一定的弹性，以适应户外运动与拓展训练活动的自然运动环境、团队组织内部、组织活动条件等各种可能的变化。

很多户外运动与拓展训练实践活动开展，组织管理者通常都会有活动开展的A计划和B计划，这就是为了充分应对户外运动与拓展训练活动开展过程中可能出现的各种问题和意外做好充分的准备。对于活动组织管理者来说，如果战略决策的弹性较小，其原则性就较强，但适应能力相对较弱。因此，管理弹性的大小主要根据具体的管理要求、管理对象、管理目标来确定。

另外，需要特别提出的是，户外运动与拓展训练活动管理要做到遇事“多一手”的积极弹性，避免遇事“留一手”的消极弹性。管理者在户外运动与拓展训练活动开展前就应该提前做好各种预案，以便于在遇到安全事故时能够镇静、及时、迅速决策和处理。

第二节　户外运动与拓展训练的法制体系

户外运动与拓展训练是当前社会大众都非常熟悉和热衷参与的体育活动项目群。在户外运动与拓展训练开展的过程中，有可能发生各种环境保护问题，一些不当的行为可能会触犯法律，如违法穿越无人区、违法用火、违法经营等，这些不良行为的发生都有可能危害户外运动与拓展训练活动开展地的生态环境、危害社会秩序与社会公共安全，必须受到法律的制裁。作为户外运动与拓展训练运动爱好者，应该懂法守法，依法参与户外运动与拓展训练。

一、户外运动与拓展训练法规制度概述

（一）法规制度层级

户外运动与拓展训练相关法律法规的建立为户外运动与拓展训练运动爱好者依法参加各种活动提供了良好的法律条文指

导和约束,是户外运动与拓展训练的开展、发展进行管理的规范性文件。

目前,我国户外运动与拓展训练相关法律文件,有以下几个级别:

(1)基本法律:由全国人民代表大会制定并修改,如《中华人民共和国体育法》(简称《体育法》)。

(2)其他法律或普通法律:由全国人民代表大会常务委员会制定并修改。

(3)行政法规:由国务院制定并修改。

(4)地方法规:由省、直辖市人民代表大会常务委员会制定并修改。

(5)自治条例:由民族自治地方的人民代表大会常务委员会制定并修改。

(6)部门规章:由国务院各部、委、总局、局、办、署,经国务院批准制定。

(二)法规制度类型

当前,我国户外运动与拓展训练相关法律法规大体可以分为两类,一类是综合性法律法规,另一类是针对单个项目实施的法律法规。具体分析如下:

1. 综合性户外运动法律法规制度

这是针对包括户外运动与拓展训练在内的整个体育事业、体育产业的发展制定的法规制度,此类法律法规为我国体育运动的整体发展提供了法律依据。

具有代表性的法律法规制度具体参考表5-1。

表5-1 我国体育政策与制度

年份	政策与制度颁布
1995年	《中华人民共和国体育法》
	《1995—2010年体育产业发展纲要》

续表

年份	政策与制度颁布
1996 年	《国民经济和社会发展“九五”计划和 2010 年远景目标纲要》
1999 年	《关于加快体育俱乐部发展和加强体育俱乐部管理的意见》
2000 年	《2000— 2010 年体育改革与发展纲要》
2006 年	《体育事业“十一五”规划》
2008 年	《体育及相关产业分类（试行）》
2010 年	《关于加快体育产业的指导意见》
2011 年	《体育事业“十二五”规划》
2016 年	《体育发展“十三五”规划》
	《全民健身计划（2016—2020）》
	《竞技体育“十三五”规划》
	《青少年体育“十三五”规划》
	《“健康中国 2030”规划纲要》
2017 年	《国家体育总局规章和规范性文件制定程序规定》
2019 年	《体育强国建设纲要》

我国综合性体育法律法规制度的颁布与实施，为各个时期我国体育事业的发展提供了法律依据和发展方向，对于规范我国体育各个阶段的发展奠定了良好的法律政策基础。

2. 户外运动单项法律法规制度

体育运动项目众多，不同的体育运动项目的开展有具体的关于各个体育项目的法律法规内容。随着我国户外运动与拓展训练的不断发展，我国参与户外运动与拓展训练的人越来越多，为进一步规范户外运动与拓展训练各类活动，我国结合户外运动与拓展训练的具体项目内容，颁布了一些户外运动与拓展训练相关法律法规与制度。具体的法律商务具体文件，多为管理制度与办法，如《国内登山管理办法》《攀岩攀冰运动管理办法》《高山向导管理暂行规定》《冰雪运动发展规划（2016—2025）》等。具体在后文详细介绍。

二、户外运动与拓展训练从业机构管理办法

（一）《登山户外运动俱乐部及相关从业机构技术等级标准》

《登山户外运动俱乐部及相关从业机构技术等级标准》对户外运动从业机构进行了技术等级的划分，具体分为三个等级，即A级、AA级、AAA级。

此外，《登山户外运动俱乐部及相关从业机构技术等级标准》就相关从业机构还提出了以下约束：

（1）明确各从业机构的等级及各等级需具备的条件。

（2）明确规定登山户外运动从业机构的技术等级的评定程序。

（3）规定了从业机构的技术等级期限、降级或取消等相关事宜。

（二）《登山户外运动俱乐部及相关从业机构资质认证标准》

《登山户外运动俱乐部及相关从业机构资质认证标准》由国家体育总局登山运动管理中心制定，对相关机构的从业具有标准与要求。

（1）对国内各登山户外运动俱乐部及相关从业机构进行资质认证。相关从业机构自愿申请中国登山协会的资质认证。

（2）界定了登山户外运动俱乐部及相关从业机构资质认证的目的及范围。

（3）规定了登山户外运动俱乐部及相关从业机构申请认证的条件、义务和权利。

（4）规定了登山户外运动俱乐部及相关从业机构参加资质认证的程序以及认证资格的管理。

三、户外运动与拓展训练从业人员管理办法

与其他体育运动相比，户外运动与拓展训练专业性较强，危

险性较大，对从业人员有较高的要求。为确保户外运动与拓展训练的各项活动良好开展，我国对户外运动与拓展训练从业人员也有相关资质、行为要求等的规定。

（一）《国内登山管理办法》

2003 年 7 月 11 日，国家体育总局局长办公会议通过了《国内登山管理办法》。

《国内登山管理办法》共有五章二十六条，内容结构如表 5-2 所示。

表 5-2 《国内登山管理办法》内容结构

第一章	总则
第二章	登山活动申请和批准
第三章	登山活动要求和成绩确认
第四章	罚则
第五章	附则

（二）《攀岩攀冰运动管理办法》

《攀岩攀冰运动管理办法》于 2013 年颁布实施，共有五章十七条，分别从适用条件、竞赛活动管理、从业人员管理、惩罚办法等方面对攀岩攀冰运动的开展进行了明确规定（表 5-3）。

表 5-3 《攀岩攀冰运动管理办法》内容结构

第一章	总则
第二章	竞赛活动管理
第三章	从业人员管理
第四章	罚则
第五章	附则

组织和参与户外运动与拓展训练，安全第一，《攀岩攀冰运动管理办法》非常重视运动安全问题，其第一章第四条明确规定："攀岩、攀冰运动是一项具有一定危险性的运动，本项目的所有

从业人员均应以高度的责任心，确保在开展此项运动过程中的安全。”

（三）《户外运动员注册与交流管理办法》

《户外运动员注册与交流管理办法》是加强户外运动员管理，保证户外运动比赛正常有序进行的重要法律文件，具体内容详见表 5-4。

表 5-4　《户外运动员注册与交流管理办法》条文内容

第一条	加强户外运动员管理
第二条	明确国家体育总局登山运动管理中心为主管单位
第三条	户外运动员的注册与交流原则
第四条	户外运动员所属的法人代表负责注册
第五条	户外运动员年度注册时间（每年 12 月 1 日至次年 1 月 31 日）
第六条	签订代表资格协议书（有效期一年）
第七条	办理注册（协议书统一印制、照片、工本费）
第八条	10 个工作日内发放注册证
第九条	注册期结束后 10 天内全国公布
第十条	户外运动员参赛，应代表所属的具有法人资格的单位
第十一条	户外运动员参赛，应出示注册证
第十二条	户外运动员注册，一年一次
第十三条	一个注册年度结束，户外运动员自愿交流
第十四条	违反本办法处理（批评或停止注册）
第十五条	触犯刑律的运动员，取消注册资格
第十六条	本办法的解释权
第十七条	本办法自发布之日起执行

（四）《攀岩运动员参加全国比赛代表资格注册管理办法》

当前，我国负责攀岩运动员注册的主管单位是国家体育总局登山运动管理中心，其签发的注册证是攀岩运动员参加相关比赛的唯一资格代表证。

《攀岩运动员参加全国比赛代表资格注册管理办法》为我

国全国攀岩运动竞赛工作开展、运动员管理提供了法规约束(表5–5)。

表 5–5 《攀岩运动员参加全国比赛代表资格注册管理办法》内容结构

第一章	总则
第二章	注册
第三章	解放军运动员的注册
第四章	处罚
第五章	裁决
第六章	附则

(五)《高山向导管理暂行规定》

高山运动具有较高风险性,高山向导在高山运动活动中对于安全问题的处理具有重要的责任,一个好的向导可以有效降低户外登山运动中的危险系数。因此,为了更好地保证参与高山运动的人员的生命财产安全,我国对高山向导的从业资格具有严格规定,并与 2002 年颁布制定了《高山向导管理暂行规定》。

《高山向导管理暂行规定》界定了高山向导的概念,认定了高山向导的四个等级,即高山协作、初级向导、中级向导、高级向导,明确了高山向导各等级应具备的基本条件、素质、基本职责等内容。《高山向导管理暂行规定》共六章内容(表 5–6)。

表 5–6 《高山向导管理暂行规定》内容结构

第一章	总则
第二章	资格取得
第三章	基本职责
第四章	资格管理
第五章	法律责任
第六章	附则

(六)《外国人来华登山管理办法》

2008 年 5 月 5 日,我国制定实施《外国人来华登山管理办法》,旨在加强对外国人在中国境内登山的管理,促进国际登山交流。《外国人来华登山管理办法》共七章二十八条,具体内容如表 5-7 所示。

表 5-7 《外国人来华登山管理办法》内容结构

第一章	总则
第二章	来华登山手续
第三章	会员
第四章	登山附带科学考察和测绘
第五章	登山物资的入境和出境
第六章	罚则
第七章	附则

四、户外运动与拓展训练安全法制体系建设策略

我国户外运动与拓展训练的发展还处于初级阶段,在安全法制建设方面还存在不少的问题,如人员资质问题、从业规范性问题、安全救援问题、安全监管问题等。针对这些问题,未来,我国户外运动与拓展训练的安全法制体系建设应重点做好以下工作:

(一)人员资格认证方面

户外运动与拓展训练关系到人的生命健康安全,为了自身与他人的生命安全,开展户外运动的教练、领队应当具备相应的专业资格认证。

我国有关管理部门应继续加强对户外运动与拓展训练的专业从业人员(教练、运动员、向导、服务人员等)的资格认证工作,加大监督管理力度。

就户外运动从业人员来说,开展户外运动与拓展训练的教

练、领队必须具备相应的资格认证。

(二)市场运行监管方面

户外运动与拓展训练面临着比日常体育健身锻炼更多的潜在危险,为了自身和他人的生命安全,必须严格户外运动行业准入。

通过法律法规,要求各户外运动团体、俱乐部聘用的组织人员应该具备相应的资格认证,同时将职员的资格问题纳入到俱乐部的考核范围,凡是不具备合格条件的俱乐部和个人应依法予以取缔,防止无证领队带队活动。

为了健全我国户外俱乐部的相关法律制度,加强对俱乐部申报、审批与经营的监管,可以实行保证金制度、户外运动俱乐部责任保险及户外运动的监督检查,有效防止发生安全事故后逃避责任情况的出现。

(三)户外用品质量方面

户外运动与拓展训练活动开展过程中,需要使用到各种器械、装备、工具等,这些体育运动用品和生活用品的质量都关系到在户外自然环境中开展户外运动与拓展训练的人身安全,因此必须严格把控户外用品质量。

从法律法规的建设角度来讲,应该进一步规范户外运动用品认证标准。例如,户外运动服不同于一般性的运动服装,它不仅要舒适、便于运动,同时还应该具备防风、防水、保暖、透气、轻便等一系列的专业特性,其对功能与品质要求苛刻。但也正是这些苛刻的要求才使得在户外运动与拓展训练开展过程中,能有效保证运动参与者的运动安全。

加强户外用品质量的法律法规方面的建设,不仅要严格标准,同时,还要对生产假冒伪劣产品的企业和个人依法查处。

（四）户外安全救援方面

户外运动安全不仅关系到个人，企业，也关系到整个行业和体育事业的健康发展，应重视完善户外运动安全救援与管理方面的法制宣传与具体法律法规条文的拟定实施。具体应做好以下工作：

（1）加强法制宣传，经营主体、运动参与者要提高安全意识。

（2）加强救援从业人员法律认证与法律权利、职责确定，严格明确救援从业人员的技术与能力。

（3）政府应加强户外运动安全教育宣传，严格规范户外运动经营市场，完善户外运动法律制度，建立一支以政府为依托、以社会力量为主的成熟救助力量。

第三节　户外运动与拓展训练的安全教育体系

一、户外运动与拓展训练安全教育体系概述

（一）户外运动安全教育的概念

安全是指人身财产受到保护、没有危险、不受伤害，没有事故发生。

户外安全教育就是针对户外运动而开展的安全教育活动，即对户外运动的各要素，以及活动过程中容易出现的各种安全问题进行系统的培训与学习，是以防范为手段、以安全为目标而主动实施的一系列行为措施。

开展户外运动安全教育就在于能够预防灾害并将灾害可能造成的损失降到最低，为个体生存与发展奠定环境、条件基础保障。

（二）我国户外安全教育的现状

现阶段，在我国许多户外运动与拓展训练活动开展过程中，实施户外安全教育、负责运动参与者人身财产安全的主体一般为户外活动组织机构。很多户外活动组织机构都会对活动参与者在正式的户外活动开展之前，进行集中、短期的培训。但也存在培训人员专业性不强、培训仓促等问题。

关于户外运动与拓展训练安全教育，我国高校也有相关安全教育课程。随着我国户外运动与拓展训练的逐渐广泛开展，我国很多高校都将户外运动与拓展训练纳入学校体育教育系统，并在授课时重视开展安全教育，但更多的是侧重理论，实践性不强。

总的来看，我国户外运动与拓展训练的安全教育还不甚完善，还需要进一步强化与加强，加快建立国家户外运动安全教育体系及相关标准是当务之急。

二、户外运动与拓展训练安全教育体系建设的内容

当前，无论是在户外运动与拓展训练的市场主体，还是高校体育教师，针对户外运动与拓展训练的参与者、学生群体的安全教育，都主要涉及理论与实践两个方面的内容。

（一）安全理论常识

户外运动与拓展训练安全教育的理论教学内容，主要包括以下几个方面的内容：

（1）户外运动与拓展训练安全的基本概论。

（2）户外运动与拓展训练基本常识。

（3）户外生存知识。

（4）户外安全意识与技能等。

（二）安全实践技能

户外运动与拓展训练的安全实践技能具体如下：

（1）户外运动与拓展训练的组织与策划。

（2）户外生活与活动技能。

（3）户外遇险求救技能。

（4）户外自救技能。

（5）预先模拟各种运动中必备的技能与处理方法。

户外运动与拓展训练安全教育的实践内容学习与练习，就是要让运动者和学生通过安全学习了解在各种不利情况下应该灵活采取哪些方式，以便能更好、更快地脱离险境。

三、户外运动与拓展训练安全教育体系建设措施

（一）加强安全宣传

参与体育运动，要重视运动安全，对运动者的安全教育与宣传是运动指导者、组织者、领导者应首先做好的基本工作。

任何人参与任何一种体育运动，都应该加强安全意识，将运动安全放在运动的第一位。对于户外运动参与者来说，在参与运动的过程中追求冒险与刺激，很多时候会将一些最常见的细小的安全隐患忽略掉。还有一些户外运动者有着丰富的户外运动经验，在参与一些具有冒险的运动时，往往会过度自信，对自己的运动能力做出错误的判断，加上户外运动的自然环境中不可控因素太多，最终造成安全事故。因此，这就需要活动组织者、管理者，户外运动环境管理者等，要特别重视加强安全宣传。

对于有较少户外运动经验的运动者来说，参与户外运动时，活动组织者和运动环境管理者可以通过短期集中培训和发放相关运动安全手册来进行运动安全宣传与教育，如针对户外运动的特殊性对活动过程中的特别注意事项、易发事故、自救知识等内

容，编印宣传资料。在自然景区开展的户外运动，可以充分利用景区交通工具、景区宣传册、景区门票、景区安全宣传栏等多种宣传渠道，向户外运动参与者与爱好者发放。此外，在进入户外活动区之前，向导以及组织人员等应该再度对参与者进行系统性的安全教育，讲解活动中可能遇到的问题与相关的注意事项等，提高警惕，以确保运动安全。

（二）重视安全培训

目前，户外运动参与者不断增多，但对于大多数人来说，他们并没有专业的户外运动知识与经验，因此，户外运动安全培训就显得非常重要。

对于户外运动与拓展训练的俱乐部活动组织来说，应加强对户外运动参与者的集体培训；领队者在户外运动活动正式开启前应再次强调即将进行的户外运动中的安全问题和注意事项；户外运动过程中，领队和技术专员应注意及时的安全提醒。

对于户外运动与拓展训练的场地与环境经营者来说，运动安全方面的专业培训主要是针对户外运动安全教育体系建设的参与者进行的，其目的在于提高从业人员的专业知识与设施操控技能。户外活动涉及安全的特种设备操作、机动车辆驾驶、紧急救援等人员应该取得相应岗位证书，切实执行持证上岗制度，使从业人员在思想、心理以及行为上形成规范操作、安全操作的自我意识。

对于学校的学生户外运动与拓展训练活动组织来说，以高校为例，应加强对大学生的户外运动安全意识教育和安全知识、技能教育，通过多种形式与方法展开全面的、系统、有针对性的安全教育（图 5-3）[①]；还可以通过组织开展紧急救助知识讲座等方式，切实提高大学生的运动安全意识。以高校为教育平台推进安全教育和户外急救知识在全国范围内的普及，是推广全民安全教育

① 刘华荣 . 我国高校户外运动风险管理研究 [D]. 北京体育大学博士论文，2017.

的有效方法之一。高校还应将急救教学纳入教学计划,通过多种教育方式方法增强学生安全意识,提高学生的急救能力。①

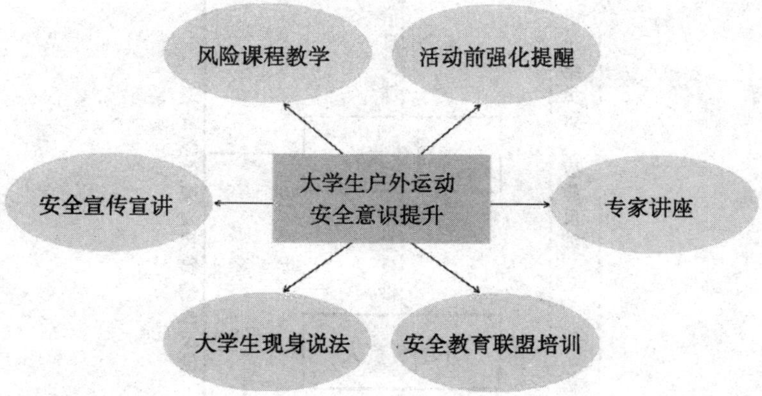

图 5-3

（三）加强安全监控

户外运动与拓展训练多以集体形式开展,户外运动与拓展训练运动团队在参与具体的活动过程中,应加强运动团队的运动安全监控。

在户外运动与拓展训练团队中,应该明确户外运动与拓展训练活动组织的管理人员和责任者,如果团队人数较多,可在 1 位负责人的统一领导下,整个团队按照 8 ～ 10 人 / 组分为若干小组,各小组再设置一到两个负责人。团队负责人是总负责人,项目负责人和小组负责人各自有监控反馈险情义务,并及时进行团队内的活动反馈,整个活动团队应建立联动的安全监控模式(图 5-4)。

① 徐瑜，杨文革．户外急救课程在高校开展形式的研究[J].当代体育科技，2019(22):85+87.

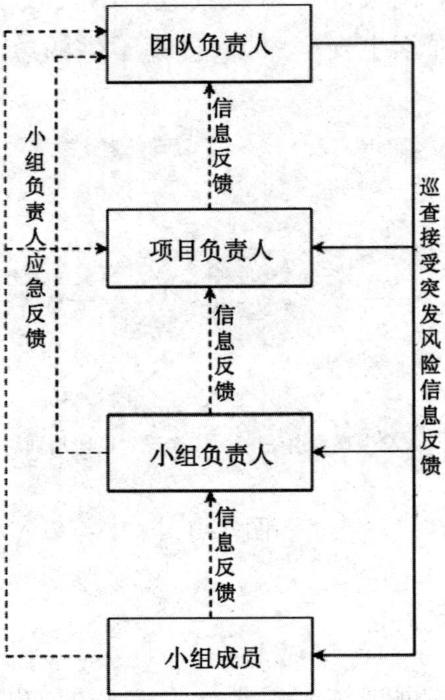

图 5-4

（四）事故案例警示

在户外运动与拓展训练安全教育体系建设过程中，为了警示参与者不要做出危险的举动，应特别注重典型案例警示。

对于缺乏运动经验的户外运动与拓展训练运动者来说，进行专业性的知识、技术教育培训是必须的，但是一些枯燥的反复说教容易让运动者产生抵触情绪与心理，而且内容不够生动不能在运动者的心中留下深刻影响。因此，对户外运动与拓展训练运动者的安全教育，应善于利用典型事件、案例等进行相应的教育与警示，以生动的事实予以告诫，可令运动者更加警醒。

（五）规范网络组织出行

当前社会，互联网信息技术发展迅速，人们之间的信息沟通更加紧密，很多“驴友”与运动爱好者乐于在网上分享户外运动与拓展训练经历，在网上结识具有相同运动爱好的人，并通过网上联系结伴出行。

尽管网上的线上、线下户外运动与拓展训练活动组织便捷，但是也存在队员之间彼此不熟悉、活动组织不严谨、缺乏安全保障、活动责任者不明确、对突发事故缺乏应对能力等问题。这些问题都是户外运动与拓展训练中的重要安全隐患。因此，政府和社会有关组织应规范基于网络的户外运动与拓展训练活动开展，进行法律约束，或免费提供专业咨询与技术服务，以减少违法、冒险行为的户外运动与拓展训练活动发生。

（六）个人户外安全管理

户外运动与拓展训练参与过程中，运动者个人应提高安全意识，做好以下准备：

（1）做好活动热身准备。

（2）做好运动装备准备。

（3）做好安全事故应急处理。

（七）注重生态安全教育

户外运动与拓展训练安全是多维的安全，不仅涉及运动者的人身、财产安全，也涉及户外运动与拓展训练活动环境的安全，即生态环境安全。户外运动与拓展训练在自然环境中开展，保护生态环境是户外运动与拓展训练活动开展的重要基础，应该引起重视。

近年来，随着户外运动与拓展训练的兴起，越来越多的人参与户外运动与拓展训练，很多高山、河流、草原、戈壁等都有了人类的足迹。但是在自然环境中开展户外运动与拓展训练的同时，稍不注意，就会留下一些生活垃圾，对当地自然生态环境造成破坏。对此，应不断加强宣传，不断提高户外运动与拓展训练活动者的环保意识，在参与户外运动与拓展训练活动的过程中，重视自然环境保护。

第四节 户外运动与拓展训练的安全监控体系

一、户外运动与拓展训练安全监控体系概述

（一）安全监控

安全监控，是为维护人身、财产安全，从实际出发，运用技术和管理手段，根据国家相关法律法规制定各种规章制度，评估风险因素和违反安全法规的行为，统计和跟踪，对人们进行安全知识与防范技能教育的活动。

（二）户外运动与拓展训练安全监控

从本质上讲，户外运动与拓展训练安全监控就是运动参与者在户外开展的体育活动进行风险评估，加强风险管理和灾难预防的各种管理和教育活动。

现阶段，我国户外运动与拓展训练参与人数不断增多，户外运动与拓展训练的安全防范教育已变得非常必要和迫切。随着自助旅游的迅速发展，“驴友”户外运动突发事件频频发生。因此，构建户外运动安全管控体系具有重要的现实意义，建设户外运动与拓展训练安全监控体系势在必行。①

二、建设户外运动与拓展训练安全监控体系的措施

（一）制定运动风险评估标准

关注户外运动与拓展训练安全，构建户外运动与拓展训练安

① 吴倩倩．户外运动俱乐部安全管控研究[D].华侨大学硕士论文，2013.

全健康体系，必须明确户外运动与拓展训练运动风险要素及标准、等级。

具体来说，制定户外运动与拓展训练运动风险评估标准，就是将户外运动与拓展训练可能存在和出现的各种风险进行量化，制定评估标准，提出应对决策。

目前，对户外各项运动的风险评估，主要分为极高（灾难性）、高、中、低、很低五个等级，组织和开展户外运动与拓展训练活动，应明确具体风险因素发生的可能性（表 5-8）、产生的后果（表 5-9）、活动风险性大小（表 5-10）。对这些数据评估，组织管理者应做到心中有数，并做好活动风险应急预案。

表 5-8　风险评估标准——可能性标准

值	尺度	描述
0.1	极少	极少情况下发生事故（如 10 年 1 次，或 10 次活动中发生 1 次）
0.2	不太可能	有时可能发生（如 5 年 1 次，或 5 次活动中发生 1 次）
0.3	可能	有时会发生（如 3 年 1 次，或 3 次活动中发生 1 次）
0.6	很可能	多数情况下会发生（如 1 年 1 次，或 3 次活动中发生 2 次）
1.0	极可能	几乎肯定发生（如 1 年几次，或几乎每次活动都发生）

表 5-9　风险评估标准——后果标准

值	尺度	伤害	经济	竞赛
1	很低	擦伤，无须恢复时间	小于预算的 1%	未降级
10	低	挫伤、扭伤，1 周内恢复	预算的 1%～2%	降 1 级
100	中等	流血、骨折等，1～6 周恢复	预算的 2%～5%	降 2～3 级
1 000	高	住院，6 周以上恢复	预算的 5%～10%	降 4～5 级
10 000	极高	死亡，永久残疾	大于预算的 10%	最低

把后果和可能性标准组合在一起，就可以得出风险值的大小：风险值＝后果 × 可能性（表 5-10）。

表 5-10　风险值计算表

可能性	后果				
	最小	小	中等	大	灾难
0.1	0.1	1	10	100	1 000
0.2	0.2	2	20	200	2 000
0.3	0.3	3	30	300	3 000
0.6	0.6	6	60	600	6 000
1.0	1.0	10	100	1 000	10 000

根据风险值的大小，可以将风险具体划分为以下三个等级：

低风险：风险值小于 60，损失小，可接受风险，积极采取有效手段消除或降低。

中等风险：风险值在 60～300，必须采取有效手段，做好监控。

高风险：风险值在 600 以上，特别关注，考虑防扩散措施或放弃活动。

（二）构建运动安全预警系统

在户外运动发展中，户外运动俱乐部是国家发布旅游安全信息、进行安全预控的组织机构，具有维护企业和运动者利益的重要责任，应做好运动安全预警。

具体来说，户外运动组织应不断增加运动安全意识、提高安全防范与控制能力，及时预见问题并采取积极的防范措施，构建安全预警系统的安全信息的搜集、分析，安全对策制定和安全信息发布的安全预警系统（图 5-5）。①

① 吴倩倩．户外运动俱乐部安全管控研究[D]．华侨大学硕士论文，2013.

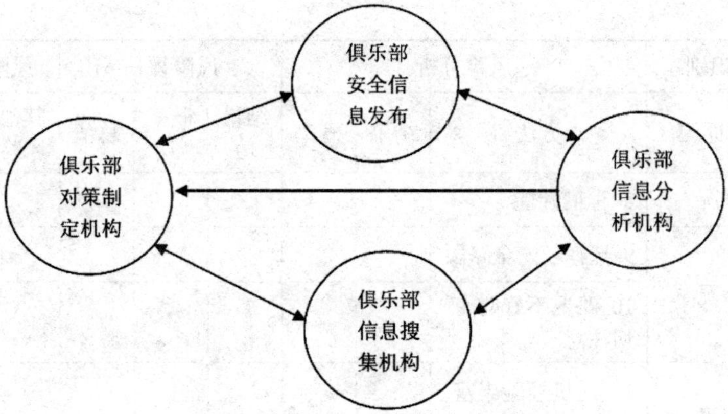

图 5-5

（三）提高风险分析与管理能力

户外运动风险分析与管理具体可参照表 5-11 进行分析、评估、管理。户外运动爱好者应不断积累经验，加强安全学习与训练，确保运动安全，才能享受运动快乐。

表 5-11　户外运动风险管理表

风险识别		风险分析			风险评估			风险收益	
种类	原因	方法	结果	概率	结果值	概率值	总值	其他风险	收益
活动计划	气象因素	1. 气象预测							
		2. 备用计划方案							
	组织失误	3. 组织管理规范计划							
		4. 临场应变							
		5. 领队管理							
		6. 项目无法完成							
		7. 解决问题再做							

续表

风险识别		风险分析			风险评估			风险收益	
种类	原因	方法	结果	概率	结果值	概率值	总值	其他风险	收益
交通	车况	8. 车辆性能							
	路况	9. 选择较安全路段							
		10. 路况不好时密切注意							
	车祸	11. 司机经验丰富							
		12. 安全避让							
烧伤/烫伤	用火不当	13. 用火区安排专人管理							
		14. 使用合格炉具及器皿							
	人为失误	15. 事先提醒、及时纠正							
山林火灾	用火不慎	16. 监控用火、用后灭净							
		17. 禁燃烟花篝火							
	外部引起	18. 存在隐患时多加注意							
		19. 封山禁火期不进山							
食物	饮用水不洁	20. 随身带纯净水							
		21. 净化或烧开							
		22. 选清洁水源							
	食物变质	23. 在诚信店购买							
		24. 在诚信店用餐							
	食物处理	25. 事先提醒及时纠正							
		26. 食品生产时间、过期时间							

续表

风险识别		风险分析			风险评估			风险收益	
种类	原因	方法	结果	概率	结果值	概率值	总值	其他风险	收益
	食物中毒	27. 野生植物中毒							
药品使用	药品购买	28. 选择正规药店							
		29. 生产日期、过期日期及批号							
	用药	30. 按要求用药							
		31. 准确诊断							
动植物	刺伤、划伤、割伤	32. 选择安全路线							
		33. 长衣裤等防护							
		34. 讲授通过方法							
	狗咬	35. 领队开路							
		36. 保持安全距离							
	毒蜂、毒蛇咬伤	37. 不去可疑处							
		38. 事先驱赶、做好防护							
	野生动物伤害	39. 露营时避开兽道							
		40. 做好防卫工作							
心理因素	恐高症等	41. 鼓励、示范							
		42. 放弃相应项目							
	恐惧陌生环境	43. 安慰、缓解压力							
		44. 示范、适应环境							
		45. 改变环境							

续表

风险识别		风险分析			风险评估			风险收益	
种类	原因	方法	结果	概率	结果值	概率值	总值	其他风险	收益
落石	环境因素	46. 避开危险区							
		47. 安排专人清理							
	操作因素	48. 培训、示范							
		49. 严守操作规程							
	意外因素	50. 提高防范意识							
		51. 防护装备有效							
陡坡滑坠	环境因素	52. 设置路绳等							
		53. 避开陡滑坡							
	技能不足	54. 示范、培训							
		55. 协助通过							
	心理因素	56. 安慰、鼓励							
	装备不适	57. 事先提出要求							
		58. 增加防护措施							
高空滑坠	教练失误	59. 专业教练操作							
		60. 两名以上教练							
		61. 专业培训人员操作							
	装备问题	62. 装备合格、管理严谨							
		63. 装备进行安全备份							
		64. 检查专业装备							
	项目外发生	65. 分批带领并设置禁区							
		66. 安全佩带装备							
		67. 发现问题及时提醒							

续表

风险识别		风险分析			风险评估			风险收益	
种类	原因	方法	结果	概率	结果值	概率值	总值	其他风险	收益
迷路走失	单独行动	68. 禁止单独行动							
		69. 活动区域设置标识							
		70. 禁止单独行动项目							
		71. 保障单独行动安全							
		72. 天气情况（如大雾、下雨）							
失温	下雨	73. 带好雨具							
		74. 到避雨处							
	气温低	75. 等气温好转							
		76. 生火或向人求助							
	保暖措施	77. 带足保暖物资							
		78. 做好备份							
		79. 讲授方法							
	意外落水	80. 组织保障							
		81. 提醒、警告							
		82. 避开深水区域							
装备缺损	组织失误	83. 检查、监控程序							
	过程缺损	84. 过程管理严密							
		85. 放弃缺损装备项目							

续表

风险识别		风险分析			风险评估			风险收益	
种类	原因	方法	结果	概率	结果值	概率值	总值	其他风险	收益
人为因素	外部冲突	86. 了解当地人文情况							
		87. 现场处理							
		88. 求助组织							
	内部冲突	89. 充分协调							
管理危机	环境不适引起失控	90. 管理回避							
		91. 装备弥补							
	突发事件	92. 领队经验							
		93. 强制手段控制							
		94. 应急计划及手段							
风险	发生中等以上风险	95. 购买相关保险							
		96. 与相关专业组织合作							
		97. 不做考虑							

（四）定期进行运动器材装备检查

在户外运动与拓展训练中，会使用到各种专业性较强的装备器材，针对户外运动与拓展训练的相关器材装备应该定期进行检查，发现问题应记录并及时处理，防止留下隐患。

具体来说，从事户外运动与拓展训练，运动者应明确具体的器材装备的正常标准，明确哪些使用方法和方式是不当和危险的。这里重点以绳索、头盔、保护器为例分析见表5-12。

表 5-12　常见户外运动与拓展训练器材装备安全检查与使用

器材装备	安全检查正常标准	危险使用
绳索	（1）直径正常无膨胀，不变形，不扭曲，无挑线、磨损，有垂性。 （2）触感平滑、柔软度正常无变硬。 （3）绳头紧固无散开。 （4）绳皮与内芯相互滑动小于1%。 （5）无长时间曝晒史。	（1）接触热源、油类、酒精、油漆、溶剂和酸碱液等化学药剂。 （2）踩踏、坐卧、乱扔乱拖（细砂土留存在内芯造成缓慢切割）。 （3）严重棱角磨损及重砸、重压史。 （4）滥用（如拖拉及捆绑物品）。 （5）冲坠系数大于 2 的冲坠史。 （6）接触火焰史。
头盔	（1）外观正常、无严重磨痕。 （2）各联接环节齐全、无缺损。	（1）严重撞击、磨损史。 （2）接触腐蚀化学剂史。 （3）接触火焰史。 （4）滥用。
保护器	（1）外形正常无变形。 （2）表面无龟裂及伤痕。 （3）被绳索磨损厚度小于 4 毫米。	（1）严重撞击、高空跌落史。 （2）接触腐蚀化学剂史。 （3）接触火焰史。 （4）滥用。

第五节　户外运动与拓展训练的安全保险体系

一、户外运动与拓展训练安全保险体系概述

（一）保险的概念

“保险”在保险学中有其特定的含义，不同学科对于“保险”一词有着不同的解释。“保险”一词从英文“assurance”或“insurance”翻译而来，1805 年，一位英国人在我国广州开办了第一家保险社，当时人们称保险业务为“燕梳”。

从法律角度来讲，保险是一方同意对另一方的损失进行补偿的合同安排，同意赔偿损失的一方是保险人，被赔偿损失的另一方是被保险人。进行安全投保，涉及保险合同，即保险单，被保险人通过购买保险单把损失风险转移给保险人。

从经济角度来讲，保险是分摊意外损失的一种财务安排。许多被保险人把损失风险转移给保险组织，由于保险组织吸收了大量同质的风险，因此能够借助大数法则来正确预见损失并承担损失。

（二）运动保险特点

户外运动与拓展训练内容丰富，活动形式多样，具体的保险具有专项性，这里以登山运动为例，对户外运动与拓展训练的保险特点分析如下。

1. 保险与体育紧密相连

户外自然环境中的运动不安全因素很多，为规范和明确运动者与保险组织的权责，保险的险种设定和责任划分是经过多场专家论证会，邀请户外运动医疗专家、登山户外专家和登山户外运动者讨论过的，保险产品既符合保险的原理，又体现户外运动与拓展训练的特点。

2. 承保项目众多

户外运动与拓展训练的保险内容丰富、险种多，这是由户外运动与拓展训练的丰富的活动内容所决定的。

户外运动与拓展训练的保险承保范围非常宽泛，涉及诸多项目与活动，如滑雪、攀岩、攀冰、拓展、高山探险、定向越野、游泳、漂流、洞穴探险等。

3. 投保操作便捷

以登山运动为例，登山运动保险服务网络遍布全国，充足的专业人员能够为广大客户提供贴身贴心的面对面或网络在线服务，投保方式上采取合同投保、零散投保、网上投保相结合，缴费方式可以根据客户要求自由定制，投保工作快捷简单。

4. 保险责任明确

登山户外运动人身意外伤害保险的承保范围广，对保险组织具体的责任有明确要求，如运动中的意外伤害、意外伤害救援费用和医疗费用外，登山过程中遭受的冻伤和高原反应的治疗费用。同时，还针对参与承保的个人、运动俱乐部以及各种运动中出现的意外情况都做了极具针对性的设计。

（三）投保与理赔

1. 投保注意事项

（1）参保者首先应该了解所参与的活动是否有相应的保险项目。

（2）运动前，参保者应该首先根据活动的性质、期限、费用等情况，选择与之相对应的意外险与意外医疗保险。

（3）参保者在签订活动合同或保险合同之间，应该仔细阅读合同中的各项条款，特别是对免责条款的查阅应该做到认真细致。

（4）受户外运动与拓展训练活动性质影响，户外运动与拓展训练的相关保险多为短期险，1 ～ 30 天不等，参保者应注意。

2. 理赔注意事项

（1）如有意外事故发生，应尽量到各地县级以上公立医院进行治疗，以免在理赔时出现资质和赔付认定方面的问题。转院就医应请院方出具书面转院证明。

（2）投保人应该在事故发生后的规定期限内及时向保险公司报案。

（3）保险公司的理赔时间是：一般的，赔偿在 5 000 元以下的时间为 7 天；5 000 元至 1 万元的赔偿 10 天；高于 1 万元的在一个月之内。

（4）如理赔过程不顺畅，参保人应学会运用法律手段维权。

二、户外运动与拓展训练安全保险体系的构建

（一）坚持以社会基本医疗保险为主，商业医疗保险为辅

对已经参加社会工作的人员来说，都缴纳了社会基本医疗保险，从事户外运动和运动训练，应在购置社会基本医疗表现的基础上，有针对性地购买相应的商业医疗保险。

对于户外运动与拓展训练经验管理者来说，应与商业保险公司开展积极广泛的合作，由保险公司负责户外运动参与者的医疗保险运作。

（二）坚持全员统保，保费共担

任何一个从事户外运动与拓展训练的人，都应重视运动安全问题，要做好运动安全防护。户外运动与拓展训练经验管理主体应加强对户外运动参与者的健康与保健教育，鼓励运动者自己或者在组织相应活动中积极主动为运动者购买保险。

第六章　拓展训练课程模式与实施

拓展训练课程具有一定的专业性，其包含多个课程环节与开展步骤，只有对与之相关的问题有所把握，才能开展好一堂高质量的拓展训练课程。为此，本章就重点对拓展训练课程模式与实施进行研究。

第一节　拓展训练的课程体系

一、拓展训练的课程特点

拓展训练以其所谓的“高峰体验”让学员在紧张、刺激、犹豫、喜悦，甚至恐惧中收获经验，使其敢于迎接挑战，提升对生活的感悟。这是一种非常符合现代教育理念的课程，是素质教育倡导下体育教学的重要推广内容。现如今，拓展训练课程不仅成为众多学校引入的体育课程内容，还是众多商业体育俱乐部积极组织开展的体育服务产品。

拓展训练课程之所以受到多方面的青睐，在于其课程本身所具备的特点，下面就对其进行具体分析。

（一）拓展训练课程中的新型师生关系

拓展训练以“先行后知”的体验式学习方式打破了传统的以“教”为主的教育模式，让学员在愉快、积极的参与中学到知识、领悟道理，通过亲身体验来挖掘自己的潜能，培养创新精神和实践能力，促进果敢、顽强、自信、团结等优良品格的形成。拓展训练这种新的教育方式符合当前教育改革和素质教育的指导思想，对推动传统教育模式的改革和青少年整体素质的提高具有重要意义。

1. 拓展训练中的团队与传统体育课程教学班级的区别

拓展训练以全新的方式进行教学，教学是以团队为单位进行的，每个团队人数 12~18 人。团队与班级有着明显的区别。团队是指由一群技能互补的人为了完成一定的任务和达到一定的绩效而组成的群体。班级虽然也是一个团队，但与之相比，拓展中的团队更具有团队的明显特征和优势。拓展训练中需要进行团队文化建设，内容包括队旗、队名、队训、队歌、队徽等。团队对于学员在工作学习中有着积极的影响：团队能提升组织的运行效率；增强组织的民主气氛，促进学员参与决策过程，使决策更快速、准确；团队成员的互补技能和经验可以应对多方面的挑战；在多变的环境中，团队比传统的组织更灵活，反应更迅速。同时，团队对个人也产生着不同的影响，如从众压力、社会助长作用、团队压力、社会标准化倾向。拓展训练课使学员在模拟团队中感受团队的氛围，为以后学员走入社会奠定基础。

2. 拓展训练课程中的师生地位与关系

（1）拓展训练中教师的角色、作用。

体育教学中教师和学员是什么样的关系，一直是个值得研究和探讨的问题。长期以来，“师道尊严”思想早已在人们脑海里根深蒂固，使我们忽视了“三人行，必有吾师”的道理。20 世纪末世界范围内的教育改革浪潮冲击了我们陈旧的教育观念，使我们认识到了过去师生关系方面存在着诸多的问题，因此，建立一种新型的师生关系，突出学员学习过程中的主体地位一直是体育教学改革的重要内容。但是，这种理念往往停留于理论层面，学员的主体地位很难得到完全地体现。拓展训练课程从根本上改变了老师在体育课程中的地位，学员完全处于主体地位，他们必须通过积极、主动地进行探索性学习才能完成体育课程对他们提出的任务要求。

①教师在教学过程中始终是一个组织者、引导者。教师在教育过程中是一个组织者、引导者，组织和引导所有学员以积极的态度、高涨的情绪、昂扬的斗志去完成面临的每一项任务、克服每一个困难；组织和引导学员在民主热烈的气氛中进行学习，积极地提出问题，进行假设，研究问题，解决问题，找出问题的正确答案。例如，在断桥等高空项目中，当学员遇到内心障碍不能大胆突破自我时，教师应引导整个团队的队友为其加油鼓励，这种鼓励对于团队中的个体来说其实是一种压力，使得学员因为自尊心和团队荣誉感而勇于挑战自我、超越自我。

②教师在教学活动过程中是一个中介者。教师虽然是知识的拥有者，但他更应该是知识的传递者。教师在知识和学员之间架起一座桥梁，将学员所需要的、最新的知识经过自己的加工传递给学员。说教师是中介者，是因为他要使得供求双方都能满意。教师应具备良好的综合素质，要不断地更新自己的知识，提供最新的教育信息，帮助学员获得社会所必需的知识和技能，从而使学员和社会双方都满意。在当前知识爆炸的年代里，知识的更新换代周期越来越短，新知识不断涌现，社会对新知识、新技术的需求也越来越高，因此，教师要不断地提升自我、完善自我，这样才能更好地帮助学员获取最新的、今后对社会有用的知识和技能。例如，教师在每个项目顺利完成后积极引导学员讨论，把自己在活动中的体验与大家一起分享，最后由教师阐释这个项目的深层内涵，并折射到学习、工作和生活当中去，将拓展训练的理念和具体的每个项目的内涵传递给学员。

③教师在教学过程中是一个服务者。拓展训练体育教学是以促进学员的健康为目标的，而每个学员在健康的需求上是不一致的。这种个体需求的基础有两个：一个是社会需求各种不同类型的人才；另一个是学员自己的健康观决定了他的需求。教师在拓展训练过程中已经不再是知识的灌输者，知识的获得依靠学员

自己的探索和体验，教师仅仅是一个服务者的角色，负责介绍每个项目的由来、规则、保护器械和装备的正确使用，为学员提供安全保护、解答学员在进行项目活动过程中遇到的问题。例如，在攀岩、断桥、速降等项目中，教师要完全作为一个服务者，为项目的进行服务，为学员的安全保障服务，充当一个附属角色，整个活动都是在教师的引导帮助下，学员主动积极地去探索、去发现。

（2）学员在拓展训练课程中的角色。

①学员在教学过程中是一个劳动者、创造者。在拓展训练中，学员是一个完全的劳动者、创造者。在课程环境中，学员面临着各种可以利用的体育资源，只要自己不断地从事体育活动，个人的心理健康、生理健康、体能水平等都会不断地提高。如果学员不是主动地、自觉地参与体育活动，那么他们在各个方面都不会获取回报。个人的获得是与付出成正比的。拓展训练中，学员面对着各种项目的挑战，这需要学员在这种挑战的压力下，积极地面对，充分挖掘自己的潜力。如在扎竹筏、造桥、造塔等项目中，就需要学员充分发挥自己的想象力和创造力，根据要求，通过每个学员的智慧和劳动，去创造自己的成果。

②学员在教学过程中是一个求索者。在学校这片沃土上，学员除了作为一个劳动者通过不断地付出劳动、得到收获以外，不断地思考和探索也是收获丰盈的关键。拓展训练课程中，每个项目都需要学员充分开动自己的大脑，以饱满的热情和高涨的情绪去解决面临的每一个任务，完成每一个既定的目标。在完成任务的过程中需要学员集思广益、民主集中，去寻找最简易、最适当的方法，以最高的效率完成既定任务。探索是一个过程，在探索过程中使得学员之间充分交流、沟通，增进彼此之间的友谊。拓展训练的目标就是在团队活动中，充分发挥他们的个性和特长，使他们通过自己的思考和探讨，去追求最大的收获。

③学员在教学过程中是一个设计者。现代教学中学员的学习行为都应该是主动的、积极的，他的收获多寡主要决定于他在团队中付出劳动的多少、对其他同学的关心程度，以及他的求索

精神，而不是取决于体育老师所付出劳动的多少。拓展训练课程中，需要学员根据不同的项目规则要求，充分挖掘自己的智慧和潜力，去探索、设计各种不同的方法，去解决问题，在解决问题的过程中发现事物的本质。拓展训练课程重视的不仅是让每个学员学会如何去获得健康体魄的方法，更重要的是学会在团队当中沟通、交流，正确审视自我。拓展训练课程鼓励学员为自己增进健康设计计划和方案。

（3）拓展训练课程中的和谐师生关系。

①合作学习过程中师生之间民主和谐的关系。在以往的体育教学中，学员始终处于一种被动的学习状态，无论学员当时主观上有什么想法，必须按照教师的意愿和口令来完成教师的要求，学员完全成了被动接受知识的容器和再现知识的反应器，创新意识被泯灭，师生关系变得极其冷淡。拓展训练课程中，教师与学员是平等的，整个拓展课都是在民主的气氛中进行。教师的任务就是在民主和谐的气氛中引导学员对未知知识进行探索，使学员在这样的氛围中欢快地进行活动。教师应该信任每一个学员，这样有助于学员提高自信心，以更好地挖掘他们的潜能。教师应该充分引导学员，激发他们的积极性，打造一个民主和谐的团队氛围，当团队面临一个个具体困难时，鼓励学员集思广益、团结协作，使他们的激情迸发，高效率地完成每项任务。

②学员学习行为的主动性和主体性。传统的学习方式是一种被动的学习和参与，学员按照教师布置的任务，无选择余地地参与活动，教师也不需要学员有自己的学习目标，只要跟着学就行，因此，学员主动参与学习的意识和能力较差。

拓展训练是一种体验式的教学模式，需要学员从做中学，从做中思考，从做中增强体质，教师是引导者、旁观者。学员在课程中完全处于主体地位，学员在拓展课程中的收获完全是靠自己积极主动地参与而获得的。学员在体育课活动中处于主体地位，学员在教师的引导、帮助、监督情况下积极主动地进行探索，通过身体力行地做，收获感受，从做中学，从做中思。教师改变命令式的口气,用亲切、自然的口气来指导课程进行,与学员建立和谐的关系。

拓展训练的挑战就在于教师能够使学员运用自己的头脑去学习,“挑战自己的头脑”形成自己的结论,并且最终运用到现实环境中去。

长期以来,由于受传统教学观念的影响,体育教学过程中存在着过于注重知识技能传授的倾向,过于强调接受学习、机械训练的现象,学员的学习兴趣被忽视,学习主动性被压抑,因而不利于培养学员的创新能力和实践能力。拓展训练课程的目的是帮助每一个学员进行有效的学习,使每一个学员得到充分的发展,从而达到挑战自我、超越自我、熔炼团队的目的。转变教学方式就是要改变原有的教学状态,把学员置于学习的主体地位上,创设能引导学员主动参与的教学环境,激发学员的学习积极性,重新调整自己的角色,尊重学员的想法,与学员平等合作,为学员创设宽松、自由的活动空间,这是取得良好学习效果的保证。

当今的教育改革倡导以学员发展为本的思想,重视建立新型的师生关系。只有建立新型的师生关系,学员学习的主动性和创造性才能真正体现出来,学员才能得到更好的发展。

在卡耐基训练课程中,有一句话令人印象很深,那就是对于培训而言,“理论不值钱,具体的方法值钱;目的不值钱,具体的手段值钱;知识不值钱,具体的案例值钱,因为它才是可操作的”。所以优秀的教师不是理论的“复读机”,而是在培训过程中能够对具体实务提供操作性强的解决之道——包括对学员在现场提出的案例提供精辟的见解的人。也就是说,优秀的教师是可以精准把握并引导学员与自己处于同一个学习和理解频道上的人。

(二)拓展训练中的素质教育

1. 素质教育

素质教育是以人的全面发展为目标,以多种教育手段为方式，面向全体人员开展的综合性提升教育。素质教育的本质在于追求因人而异式地开展教育活动，即从每个人更容易接受的角度入手进行教育，以此促进个体多方面的能力提升以及性格的完善。以多种多样的体育活动作为主体的体育教育向来是素质教育的重要方式之一。包括拓展训练课程在内的体育教育就是一种以面向全体学员，全面提高学员的体育素养、身心素质，为社会育人为其根本目的体育实践活动，是一项非常理想的促进学员主动追求健康和和谐人际关系的教育过程。之所以如此，在于拓展训练基本都是以团队为单位进行的，个人在团队中的活动都是要以实现团队的目标为依据的。在这个过程中，个人完成相应的既定任务，这实际上也是一种自我完善、自我提升的过程。拓展训练的核心目标之一就是向学员强调团队的意义和作用，增进学员在团队中的参与意识、人际交往能力、自信心、责任心，克服懒惰心理，磨炼毅力，启发思维，提升解决问题等能力。

2. 拓展教师应具备的能力素质

拓展训练并不是一项简单的体育运动课程，除了人们最为直观看到的户外运动的组织形式外，其课程中还蕴含了大量的与之相关的学科，如运动生理学、运动心理学、运动医学、管理学、教育学、社会学、成功学等。这些学科始终围绕在拓展训练课程之中，并借以拓展训练的形式传播给学员。为此，拓展训练课程就应该努力成为被学科知识附着的有益载体，将学科中的一些难以理解的理论转变得更加直观、易懂和有趣，以此便于学员的体验与感悟。因此，为了能够实现上述教学预期，就需要有一位综合能力较高的拓展训练教师。一名出色的拓展训练教师应具备如下基本能力：

（1）知识底蕴。

作为拓展训练活动的重要组织者，拓展教师应对活动中的一切事物都有所把握，如活动操作流程、项目规则、场景布置等。对于活动中所涉及的其他学科的知识也要进行必要的学习，只有切实以丰富的知识作后盾，才能在活动组织和指导中做到收放自如、张弛有度、游刃有余。

（2）丰富的生活阅历。

丰富的生活阅历是在日常中积累的各种社会生活知识。对于拓展训练教师来说，生活阅历是不可或缺的一项基本素质，其重要性在于生活阅历是理论与实际相结合的纽带。只有相对丰富的生活阅历才能促使人不断对自身的人生观、价值观、世界观给予修正。拓展训练课程的任务就包括了要想学员揭示一些生活或社会道理，如果拓展训练教师可以结合自身经历的事情，无疑更能使拓展训练想要传授的道理更为生动和贴近学员的生活，而不是让他们感觉即将接受的道理是“假、大、空”的废话。

（3）良好的组织协调能力。

良好的组织协调能力是拓展教师的基本素养之一。拓展训练的组织与一般学科的教学组织相比更加复杂，涉及的内容更多。这要求拓展训练教师有更为出众的组织协调能力，如此才能保证课程中项目操作的顺利以及课程时间把控的精准。而且，在良好的协调能力下，也能建立起良好的学习氛围，特别是不忽视每一个学员的进步。

（4）幽默诙谐的语言风格。

幽默，向来就是一种容易被人们接受的言行艺术，更容易吸引人们的注意。当一个人充满幽默感时，他的语言或行为可以有效活跃社交氛围，为交流创造良好条件，因而其人际关系相对更为理想一些。也正因如此，人们更乐意与幽默的人尝试接近和保持友好关系。对于拓展教师来说，幽默也是他们展现自身魅力的方面，不仅如此，幽默诙谐的语言还可以活跃教学氛围，激发学员的学习兴趣与主动性，还有益于学员快速融入团队，获得学员的尊重，这些都是其取得良好培训效果的保障。

（5）强烈的责任感。

责任心是从事教师行业的人的基本素养之一，这对于拓展教师来说也是如此。拓展教师的责任感是工作的基石，是他们热爱自己工作的一种体现。拓展训练中的许多项目本身就带有一些风险性和挑战性,能否安全顺利完成活动对拓展教师也是一个挑战,这就要求他们必须具备高度责任感,关注每一个学员的安全,留意活动中的微小细节,然后在此基础上再力求调动每个学员的情绪,确保拓展训练活动的成功。

(6)良好的沟通能力。

即便是作为拓展训练的指导者,教师也是团队中的重要成员,其也要融入学员的团队中去,如此也就需要教师也同样要具备良好的沟通能力。现代社会中的管理者大多数都是善于沟通的人,如果用数据来说,即管理成功的因素有75%依赖于沟通,另外25%才是个人的能力与天赋。不过这里所谓的沟通不只是通过语言的形式来完成,很多时候身体语言也是沟通的重要方式,如手势、表情、眼神等。因此,教师在注重语言沟通的基础上,还要注意对行为、表情等沟通形式的运用。

出色的拓展教师非常会利用语言、表情和行为等沟通方式与学员接触,这些沟通技能在潜移默化中会对学员有较大的影响,或是鼓励他们尝试,或是增强他们的信心,抑或是阐述给他们一个道理等。

二、拓展训练的活动层次

为方便拓展教师在课程中的组织和指导工作,可以以活动的方式、学员在项目中的角色认定以及项目对学员的培养目的等为依据,对活动中的不同部分进行评估。可以将活动分为五个层次,具体划分方法如下:

(一)第一层次

第一层次主要是理论学习部分,学习的场所较为灵活,根据需要可在室内进行,也可在室外进行。理论学习部分的具体内容主要如下:

（1）讲述拓展训练课程的相关理论知识。
（2）讲述拓展训练课程的模式。
（3）讲述拓展训练课程分享回顾环节的形式。
（4）讲述拓展训练课程中团队和个人的作用与意义。
（5）讲述完成拓展训练课程中的任务所需的技能。
（6）讲述拓展训练课程中的安全事宜。
（7）讲述拓展训练课程中可能遇到的困难及应对心态。
项目范例：破冰课等。

（二）第二层次

第二层次主要安排较低风险的户外活动项目，主要以个人挑战的形式开展，但要有团队的支持。具体内容如下：
（1）强调采取主动和积极的心态参与活动。
（2）体会在同伴的信任和支持下接受挑战。
（3）加强团队中的彼此信任。
项目范例：背倒挑战、高台演讲、信任跳水等。

（三）第三层次

第三层次主要安排较低风险的户外活动项目，以团队挑战为主。具体内容如下：
（1）加强团队沟通。
（2）加强团队成员间的合作。
（3）树立团队共患难意识和战胜困难的信心。
（4）在团队中设置分工与领导。
（5）了解个体决策、专家意见与群策结果的差异。
项目范例：数字传递、求生电网、盲人方阵等。

（四）第四层次

第四层次主要安排较高风险的户外活动项目。团队共同参

与,个人的潜能要被激发出来,可适时选择一些对个体心理冲击力较大的项目。具体内容如下:

(1)明确个体在团队中的作用。

(2)理解团队中自己与他人的关系。

(3)从多角度审视自己。

(4)培养勇气和自强精神,敢于面对困难和接受挑战。

(5)培养在逆境中的意志力。

(6)学会自我激励以及激励他人。

(7)体验成功的快乐且能与他人分享快乐。

(8)学会树立榜样和学习榜样。

(9)学会以求同存异的态度与人相处。

项目范例:高空断桥、空中单杠等。

(五)第五层次

第五层次主要安排较高风险的户外活动项目,以团队为单位接受挑战。具体内容如下:

(1)培养团队成员的人际关系。

(2)培养团队意识与合作精神。

(3)培养团队成员之间的信任。

(4)提高团队工作效率。

(5)对团队良性发展的及时肯定与认知等。

项目范例:求生墙。

尽管我们对拓展训练课程中的内容划分出了五个层次,但层次之间都是互相关联的,没有高级与低级之分,下一层的内容都需要依托于上一层的内容,只是这些内容在活动的性质上对一些特别需要提高的能力或意识上有一定的针对性。为此,对于拓展训练课程的安排要关注不同发展时期的团队的特点,制定出符合他们的挑战项目,这是有利于实现最终培养目标的。

三、拓展训练的课程分类

拓展训练课程的种类和项目很多，根据不同的方面考虑，可以有以下几种分类的方法：

（1）根据课程时间的周期长短可以分为长期课程和短期课程。

（2）根据课程组织季节的不同可以分为冬季课程和夏季课程。

（3）根据学员的性别组成可以分为男子课程、女子课程和男女混合课程。

（4）根据课程的开展地点可以分为户外课程、室内课程和特殊场地课程。

（5）根据课程的训练目的可以分为激励课程、解压课程、创新课程、社交课程和团队课程等。

（6）根据项目的性质可以分为野外课程、高山课程、极地课程、水上课程和场地课程等。在这些课程里，水上课程主要包括：扎筏、漂浮、跳水、划艇、浮潜等；野外课程包括：远足、登山攀岩、野外定向、露营、溶洞探险、伞翼滑翔、户外生存技能等；场地课程是在专门的训练场地上，利用各种训练设施，如高台跳水、高架绳网等，开展各类团队组合课程及攀岩、跳跃等心理训练活动。

四、拓展训练的项目取舍

学员在参加拓展训练时要安排哪些项目、总结方法是什么、能够阐明些什么道理，这些问题都需要在拓展训练课的设计环节就有所考虑。这就引出了一个关键问题，即拓展训练项目的取舍。对于项目取舍是要符合一定要求的，具体有以下几点：

（1）选择项目要确保有足够的软硬件予以支持。

（2）课程内容的难易程度与风险评估。拓展训练中的有些项目是有一定难度且带有风险性的，为此在活动前需要制定风险防范预案。

（3）确定组织拓展训练的时间。这个时间不仅包括详尽的课程开展时间，还包括训练周期、训练季节等。

（4）训练课程的教育目的。拓展训练课程是一项有着完善体系的教育活动，将它看作是一项单纯的游戏是不可取的。因此，为了避免拓展训练课程被学员游戏化，教师就应非常关注活动后的总结和提炼工作，切实实现拓展训练的教育目的。要想做到这点，就需要教师提前备课与“预演”，并深入提炼活动揭示的道理，然后在活动的总结环节中启发或灌输给学员。

（5）学员对活动风险的接受能力。参与活动的每名学员有着不同的对风险的接受能力。为此，在进行项目取舍时要对此予以考虑，了解多数学员的身心情况，如对哪些事物有恐惧症等。

（6）学员的专业方向。拓展训练的课程内容很多，面对不同专业方向的学员需要做出适当地选择。例如，团队中如果有众多专业不同的学员，那么选择沟通类的课程和培养团队精神的课程是最为理想的；如果学员专业大体一致，则可以倾向于选择那些与主体参训学员相符的内容。

（7）拓展训练教师的能力。拓展教师的能力有时能决定同样一套课程的教学效果。能力强的拓展教师可以在活动过程中潜移默化地给学员灌输精神理念，在结束后的提炼总结环节中也能引导学员的思考，使他们获得不同的感悟。因此，应根据拓展教师的不同能力倾向，选择更适合他们开展的拓展训练课程，以发挥教师的教学长处，力求实现预期的教学效果。

（8）场地合作方的选择。随着现代拓展训练被更多的人熟知和认可，市场上提供拓展训练场地和培训的机构丛生，这些机构中的场地多样，设施齐全，是非常理想的开展拓展训练教学的合作方。不过要从中选择出最佳的一个，还需要充分考虑训练基地的周边环境、地理位置、场地设施等详细情况。最佳的拓展训练场地应为风景宜人的户外，当然如果经费或距离所限，选择一些有特色场地也可以。

（9）确定具体项目和替代项目。根据拓展训练活动的目标来选择合理的项目,项目之间也要做合理地设计与巧妙地组合。为稳妥起见,在确定了主要项目后还需在选择制定一些备选项目,以用于主要项目因意外情况不能开展时替代之用。

第二节　拓展训练的课程模式

拓展训练课程是由多个针对不同训练目的的项目组合而成的。项目的选择依据是不同的训练目的,不过就选择项目来说也是要按照一定原则进行,最基本的原则就是循序渐进和因势利导。

通常情况下,拓展训练课程的模式为:前期分析→课程设计→场景布置→挑战体验→分享回顾→引导总结→提升心智→改变行为。下面就对其中每一种进行分析。

一、前期分析

参加拓展训练课程的群体众多,学员们来自社会的各个阶层、各行各业,有着截然不同的社会经历和生活环境。为此,他们所表现出的参与活动的状态也就可能存在天壤之别。即便是同一个单位中的职员,其个性、阅历、家庭背景也较为迥异,要想满足他们的拓展训练需求也要对他们的情况有所了解,这秉承的是一种负责的态度,也是拓展训练培训行业的基本服务要求。鉴于此,拓展训练课程能否收获预期的效果是非常依赖前期活动分析的。作为拓展训练教学模式的第一个环节,前期分析对之后的课程环节起到的是决定性的作用,因此,前期分析要做得格外细致和缜密。

二、课程设计

课程设计是在对参训学员群体的整体特点和需求有所分析

的基础上进行的具体课程安排的设计工作。

课程设计的核心是参训团队的学习目标,这个目标的确立就使课程项目有了明确的针对性,且目标是贯穿训练活动始终的。有时参加拓展训练课程的人数众多,为此可能有不止一位教师参与指导和辅助工作,此时就需要每位教师都要了解此次培训目标,使得其对活动中任何一个项目的教学和指导都有着相同的基调。如果是人数较多的拓展训练课程,对此进行的课程设计就会更加复杂一些,如要对项目与场地的轮换顺序、项目时间等作出细致安排,以此提高活动的效率和场地器材的使用率。具体的课程设计流程可见表 6-1。

表 6-1 课程设计流程表

步骤	内容
第一步	填写拓展训练专业调查问卷。这个问卷转为拓展训练项目设计，根据参训群体目前表现出的一些现象的倾向性调查，对参训学员的年龄、学历、参训需求等情况进行统计，综合评估这个群体的现状
第二步	根据问卷反馈的情况，由拓展教师对该群体的现状及需要解决的问题通过课程方案的形式给出解决方案
第三步	由拓展教师与参训的代表进行面谈，以进一步确认课程需求、方案细节、其他操作细节等事项
第四步	确定方案，前期周密准备工作，包括器材的准备、拓展教师的安排、行程计划等细节筹划

对于拓展训练课程的设计,操作时还应注意以下几点:

(1)如果参加拓展训练课程的人数较多,则需要考虑将一个整体分成若干小组来开展活动。那么,如何分组也是一件需要考量的事情。为此,需要在活动开始前特别与参与方进行研究讨论。分组是有一定要求的,不是随意而来的,更不能是学员自己选择自己熟悉的同伴,如此难以锻炼同伴之间对于团队的意识与建设。在拓展训练中出现的团队建设不只是团队中成员的亲密关系,而更应突出的是彼此不算太熟识的人通过充分发挥组织技巧、彼此鼓励等方式逐渐融合,形成统一的信念,共同完成团队任务。这不仅能进一步增强本来就相对熟悉的学员之间情谊,甚至可以让平日的素不相识或有所敌视的人共同为了一个目标而实现协作，这个意义就非同寻常了。

（2）拓展教师可能要面对众多学员群体，他们来自各行各业，有着各自的群体特征，而且个人学员参加拓展训练甚至还有自己更高的目标。这就要求拓展训练课程教师要具备丰富的指导经验，掌握多种教学方法和教学语言，力求尽可能多地满足不同学员的需求和符合他们的学习习惯。为此，拓展教师在业余时间中要不断完善自我，坚持和善于学习，了解更多领域的知识，同时也应经常与各个阶层和职业的人广泛交流，以了解不同群体的特征和需求，只有这样才能在拓展训练指导工作中做出成绩。

（3）课程设计的步骤并不是固定不变的，它可以根据活动元素实际来确定。例如，破冰课是针对众多互不熟悉的学员而设置的快速打破陌生的好内容，但如果参加拓展训练的学员是来自同一个班级或同一个学系，由于他们之间早已基本熟悉，所以可以取消破冰课这一安排。而如果学员确实是彼此不相熟的人，则一般都要以“破冰课”等打破陌生的课程内容作为开始，如安排一些消除拘谨的项目，鼓励小组做一些突破常规的事情等，当学员互相认识后再逐渐加大任务的难度。

三、场景布置

拓展训练的场景布置是根据活动内容而来的，对活动场景进行适当布置有助于营造良好的活动氛围，能够给予学员相应的情感带动，以使他们更快地融入活动之中。

拓展训练教师对活动场景的布置要做出必要指导和设计。不过在场景布置环节中为了节省时间，相关工作应在活动开始前完成，如果等学员都逐渐来到场地后发现还有没有布置好的场景，便或多或少地对环境缺少了一些新鲜感。此外，在拓展训练课程开始后再进行一些场景布置工作或降低活动效率，影响活动效果。

在一些拓展训练内容中，经常为了创造某种场景而需要一些特殊的道具，如为了模仿黑暗或失明，会给学员佩戴“眼罩”。如此可以让学员在活动中有更加身临其境的感觉。这就是一些场景布置或道具的使用效果，而这些布置或道具的使用时间、使用时机都可由教师根据实际情况灵活掌握。

在拓展训练的有些项目中，对于任务的完成要求得十分精细，为此所选择的道具也就更为考究。例如，拓展训练中有一个项目叫鸡蛋保卫战，这个活动中就需要使用生鸡蛋，尽管如此感觉有些浪费，但只有当生鸡蛋破碎时才能让人在其破裂瞬间体验到挫折和失败感。为了保证活动开展的效果，在这项活动中最佳的选择就是使用生鸡蛋，任何为了节约成本或其他原因选择熟鸡蛋或乒乓球作为代替品的行为，都会大大降低学员的情感体验，甚至使课程从布课阶段就产生偏差。

四、挑战体验

挑战体验是让学员完成项目要求的任务，从挑战中体验项目预设的理念，并自然的从中得到感悟。

挑战体验不仅包含了一些令人望而生畏的项目，但也有很多项目都是在一般人群的能力范围之内的。对于学员来说，最初的判断也许和项目本身潜在的难度不同，一些看似简单的项目，但真正去体验的时候，也是需要付出努力才能完成。拓展教师可以做一些简略的提示，以使他们正确的面对所要接受的挑战。

首先，项目的难度与项目本身的设计有关。一般来说，体力消耗多的项目难于体力消耗少的项目，主要活动在户外的比可以进入室内完成的项目难些，高风险的项目难于低风险的项目，道具多的项目往往难度就比道具少的更大。高难度的项目往往面向提高个人素质，挖掘个人潜力，低难度的项目更多是培养团队精神，增强解决问题的能力、决策和沟通的能力。

其次，学员对项目的难易认知取决于个人的感悟力、态度和价值观，是他们的感官体验和主观理解的综合。例如，对于同一种项目，有的学员认为努力一下就可以完成，于是便努力去做，最终果真达成了目标；而有的学员却认为非常难，不可能完成，于是就抱着这种态度去尝试，其结果更多的也以不成功而告终。拓展教师在布置项目任务时要及时地判断学员的认知状况，在合适的时机做出必要的提示和引导，最大限度地设定适当难度的挑战项目，引导学员都去尽最大的努力尝试，从精神层面就抱着不放弃的信念。

再次，学员体验的过程从拓展教师布课就已经开始，布课的过程有时就注定了体验的结果，除非有特殊的要求或拓展教师有充足的准备，一般来说拓展教师会尽量提供给学员们一个可以自由发挥的机会，不要轻易地改变既有活动规则。

参与挑战的过程就是学员们的实践过程，由于拓展训练的不确定性，体验结果也不尽相同。拓展教师可在活动时安排一些学员做助手，助手除了可以帮助记录活动的进程外，还可以保护队友的安全。当然拓展教师也应该注重保护学员安全以及随时记录活动过程的变化和情况，以便在活动后的分享回顾和总结时使用。此外，体验过程要保持连贯、顺畅，尽量避免活动过程中出现冷场和项目与项目的衔接不畅等现象，如果有可能尽量全队完成，必须中止时一定要选择合适的时机。

最后，学员在活动中遇到困难是正常情况，但是不要一遇到困难就想要依靠拓展教师，首先应该想到的是相信自己和团队，靠个人能力与团队的力量去解决，不要轻易地求助，也不要轻易地去挑战规则。经常会有学员认为规则没有讲清楚，也有学员会向拓展教师提问，通过观察拓展教师做行动依据，这类行为有违活动的公平原则。

五、分享回顾

分享回顾是在学员体验后按特定的形式，将各自在完成任务时的感想、感受真诚地表达出来，结合拓展教师的记录与大家分享得失，求同存异达成默契，共同从中学习，这是接受拓展训练后从身体体验到精神体验的最终升华，是拓展训练的重要组成部分。

在一个项目结束后，一般采用轮流发言与随机发言相结合的形式进行分享回顾，尽量让每人都有发言的机会，尤其是最初的几个项目，要保证每人都有机会发言。

在进行分享回顾的时候，应遵循以下几个主要原则：

（1）即时性原则。做完项目要立即进行回顾，因此这种“背靠背”的回顾能够使学员完成项目时的情景历历在目，此时每一个人都在大脑兴奋期内将许多想法表达出来，这也是真实表达的最佳时机。如在孤岛求生项目结束后，学员们往往还没来得及围坐在一起就已经群情激昂，各种想法的表达之声此消彼长。而如果不能在第一时间回顾，过了一两天甚至更长的时间后，活动的兴奋期已过，那么一些记忆经常不会比当时结束后的更加深刻和有感悟。

（2）密切联系实际原则。所有的分享回顾在谈完做项目的感受后，都会谈及与现实的联系，学习是为了以后更好的工作和生活，因此，如何让拓展项目与实际生活联系起来，是每一位参训者所应做的。有的团队经常会无休止地争论项目本身，这时拓展教师有义务将大家的谈论焦点转移到联系实际生活的问题上来，以使学习的目的更加明确有效。

（3）求同存异原则。每一个人因为成长的背景和价值观的不同，对待同一事物的看法也是不同的。参与过拓展训练后的每一个人都可以说出自己的真实感受，当不同想法产生时，教员要适当地进行引导，请学员们各自陈述自己的感受就好，不鼓励针锋相对地辩论。大家应本着求同存异的原则，广开言论，这也正好可以感受到大家对同一个项目的不同认知以达到发散思维的作用。

（4）追求卓越原则。任何事物都具有两面性的特点，所以对待事物往往辩证地看才能看到事物的本质。在回顾过程中,教员都可以引导学员辩证地去分析每一种观点,即当说一个问题的优点的时候,也能说出它的缺点,需要诚恳地接受不同的意见。这里值得注意的是,在回顾的过程中,教员要有意识地引导学员往积极的方面思考和感悟,讨论过程中应尽量避免消极的、抱怨的、讥讽的观点成为主调。

六、引导总结

引导总结是为了对活动中发生的一些情况以及出现的问题进行正确的引导,并对其进行科学总结,如此可以使拓展训练的理论基础更为严谨且更成体系。

拓展训练的教练员是引导总结工作的主导者,有时为了加强这个环节的效果还可以请学员来进行。为了让引导总结环节更易于学员的理解,应使用一些如“木桶理论”等理论,或是名人名言、优秀企业的文化等来予以佐证,这样可以更加直观地解读拓展训练中人们所感知到的体验。但应注意在这个过程中避免使用太过空洞和大而高的道理,实际上最直观简单的道理、最被大家所熟知的事例反而是效果最好的。

引导总结经常会和分享回顾结合着进行,点评是否精辟决定了引导总结的效果。此时,如果能结合一些风趣幽默的故事,无疑会更加吸引学员的注意,在轻松愉快的氛围下也更易于人们记住所获得的经验。

七、提升心智

提升心智是在经过了前面几个环节后,需要将学员在拓展训练中获得的感悟与理解进行提升,进一步凝练出精华体验。对于提升心智来说,最常使用鼓励与肯定的形式,让学员们都能对自己有一个准确的定位。无论是能力上的还是潜力上的,这些新的认识都非常重要。个人之于团队来说，要明确自己在团队中的作用，能为团队目标的完成做出何种贡献，并且要相信团队的力量。

在拓展训练活动实践当中经常能够听到一些年龄稍大的学员感慨到："参加这个活动感觉自己年轻了十岁似的。"可以说，这种感慨就是一种心智提升的结果。以鼓励和表扬的态度作为提升心智的主要方式能够让学员们在活动中展现真实的本我，看到真实的自己，学员在如此状态下会更加相信自己，也更加相信团队。实际上，这种心智提升的效果在其他领域中也会出现，且和拓展训练的提升心智环节的效果类似。如一位羽毛球爱好者在观看了几天世界羽毛球锦标赛后，再通过研究高手的技战术打法，将其"植入"到自己的运动意识之中，便也会感觉自己球技有所提升。

肯定与鼓励在拓展训练的心智提升环节中是主要的方式，但这是对于大多数学员来说的，也有少量学员在活动中的表现和态度决定了不适宜用这种方式进行心智提升。例如，对于一些在活动中表现消极的学员来说，对其进行适当语言和程度的批评反而会受到更好的效果，并就此给出中肯的建议。

八、改变行为

改变行为是学员的拓展训练成果在实践当中的具体运用，即切实以拓展训练中的所感所得转变了自身的言行举止，这是拓展训练想要实现的最终目标。

为了能够使拓展训练达到改变学员行为的目标，在训练伊始就要向学员阐明拓展训练的意义，以及更加具体的训练的内容、方式和目标，如此可以让学员对活动做到心中有数，以及对某种预期达到的目标有倾向性地偏转。这些都利于他们在训练过程中能够获得更加深刻的体验和收获。

学习的目的在于实践，实践的成果反映学习的质量，两者相互促进。学员通常可以在拓展训练的过程中感受到激情和良好的身心体验，但这项活动毕竟不是延续的，更多的学员也没有机会频繁参加拓展训练。那么，如能够延续拓展训练之后的“激情”，使活动效果能够保持长久，就成为拓展训练工作者应该关注的问题。正因如此，改变行为这个环节自然就成为这一问题的关键。决定学员在拓展训练之后还能否延续活动中的体验的关键在于活动组织者对拓展训练课程的设计与其他课程元素，不仅如此，学员的活动心态和参与热情也对此起到不小的影响。如果学员在活动中表现积极，参与热情高涨，可想其必定在活动中表现颇佳，还能将活动收获与未来生活中的态度产生联系，其活动效果无疑是非常理想的。

第三节　拓展训练课程教学计划与实施

要想达到拓展训练的既定目标和效果，就要在训练之前制订出一套高水平的提案书以及有效的实施计划。而制订好的实施计划，则要同实施体育教学一样，首先要了解参加拓展训练的学员情况。对受训学员进行细致的评价和分析，可通过问卷调查的方式进行，这是为了推测组织训练所必要的条件以及效果的可能性。此后还要对需要的设施进行设想，明确哪些设施是必要的，哪些设施是不必要的。同时，还要与有关人员密切合作，同心协力地推进计划，当计划出现一些问题时，几个方面也应互相帮助地进行解决。

一、拓展训练阶段教学计划

（一）初级阶段

1. 初级阶段的教学目的与任务

在拓展训练的初级阶段，其教学目的与任务主要为使学员通过接触拓展训练、感受拓展训练、理解拓展训练的价值与内涵；培养或更新学员的健康理念和健康意识；培养终身体育意识和健身习惯；促进人际交往能力；完善自我意志、勇气、真正了解自我；学会与他人协作，增强集体意识。

2. 教学内容

（1）理论知识。

①现代健康的概念，体育运动与健康之间的关系。

②日常参与健身活动的原则与方法。

③拓展训练课程的特点与价值。

④学会保护器械的使用方法。

⑤努力感受和了解团队。

（2）身体素质。

①一般身体素质，如力量素质、速度素质、柔韧素质等。

②专项身体素质，如弹跳、攀爬等技能。

（3）体验团队。

①深入体验团队的协作。

②感受团队成员间的信任。

③积极主动与他人交往。

（4）专项技能。

掌握安全器械的使用方法且做到熟练使用。

（二）高级阶段

1. 高级阶段的教学目的与任务

拓展训练的高级阶段的教学目的与任务主要为依托初级阶段的训练成果，进一步培养学员运用拓展活动的常识和技能开展自我锻炼，对相关常识和技能有更为熟练的掌握，基本养成终身体育意识，在团队方面力求进一步提高他们的领导能力、执行能力、沟通能力以及协作能力。

2. 教学内容

（1）理论知识。

①健身活动的原则与方法。

②健身活动常识。

③自我保护和协助保护等安全教育。

④领导力、组织力、协调力、执行力。

（2）身体素质。

开展更为专业的身体素质训练。

（3）野外活动技能。

①攀登和下降。

②翻转和跳跃。

③各种水上技能。

（4）感受团队。

①积极主动地参与团队的协调工作。

②练就较高的执行力，学会服从和服务团队目标。

③对团队做出强有力的领导。

二、拓展训练计划书的制作

拓展训练计划书对整个活动的顺畅开展来说是不可或缺的保障。在制作计划书时，内容要囊括以下内容：

（1）活动的理论基础，包括活动的组织要通过什么方式、解决什么问题，且要有足够说服力的理论根据。

（2）活动目标，即活动预期达到的效果。目标的设定要有活动的总体目标和各环节的子目标。目标的制定要求具体、科学、有可操作性。

（3）活动具体事宜，如训练日程、总体活动时间、小组活动时间、场地器材配置、经费预算等。

（4）指导体制和训练计划，包括训练计划所需预算、教员的胜任力以及活动过程中各方面的条件准备情况等。

（5）评价。评价拓展训练活动是否达到了预期，确定具体的评价方法，或是以让学员作答问卷、设置思考题等形式实现评价目标。

计划书的完成并不代表万事大吉，此后还要根据一些实际情况的变化而对计划书做出一定的修改和完善。为了确保计划书中计划的活动内容和环节可行，还应尝试在计划框架内开展一下活动观察效果，这也是一种对计划的检验。另外，历次拓展训练活动的组织和活动资料也是下一份训练活动计划书制订的依据。因此，在每次拓展训练活动举办的过程中都要注意对各种形式的资料进行收集、整理和研究。

三、拓展训练教学的考核与评价

拓展训练课程的本质也是一门体育课程，它以学员参加团队活动为主要形式，活动要突出团队的沟通与协作，力求使学员达到身心等多方面获得提升。既然是一门体育运动课程，拓展训练就必然需要通过考核与评价的方法来评估教学成果，而评估的标准就是学员通过活动应获得的体能与技能、体育认知与态度、交往与合作精神、意志品质等身体或心理方面的积极改善。

对于学员参与拓展训练教学活动后的成果进行的考核与评价应包括基本的对学员体质水平、户外生存技能水平、心理品质等的测评。这些测评都要以能够合理衡量学员实际水平和全面评价学员阶段进步为宗旨，以形成性评价作为主要的评价标准，并结合课程教学进程以及学员的具体情况制定科学、系统的评价内容与标准。

（一）体质评价

1. 评价内容

（1）学员体质健康标准。

身高、体重、肺活量、握力、立定跳远、长跑、坐位体前屈。

（2）专项身体素质。

男生：灵敏性、引体向上。

女生：平衡、灵敏、单杠直臂悬垂。

2. 评价标准

灵敏素质测试与评定：滑步倒跑测验或十字变向跑等。

平衡性测试：闭眼单脚站、过平衡木等测试。

（二）技能评价

1. 技能评价内容

技能评定的内容主要为学员的实践活动技能，这通常是以个人操作能力作为评价标准的。具体的技能内容有以下几个：

（1）绳索打结技术：打平结、“8”字结和单编结的娴熟度。

（2）攀登与下降技术：上升器、下降器的使用娴熟度。

（3）器材使用技术：“8”字环、主锁、安全衣等的使用娴熟度。

2. 评价标准

（1）绳索打结：打结方法是否正确、操作是否娴熟、打出的结是否牢靠。

（2）攀登与下降：是否能顺利爬上 15 米左右的高度并安全返回。

（3）“8”字环、主锁、安全衣等是否能熟练使用。

（三）心理素质评价

1. 心理评价内容

意志力、抗挫能力、情绪。

2. 评价标准

以教师评价、器材的使用方法如图 3-6 所示。学员互评、学员自评三种形式进行评价。

（四）交往与合作评价

1. 团队协作评价内容

通过形成性评价的方式观察学员在团队活动过程中是否有积极与他人沟通、关心、协助等行为出现。

2. 评价标准

以教师评价、学员互评、学员自评三种形式进行评价。

第七章　户外运动与拓展训练的体能与心理训练

户外运动与拓展训练对运动者的身心素质有较高的要求，这主要与户外运动与拓展训练的自然运动环境有关。同时，户外运动与拓展训练活动的冒险性与挑战性也决定了运动者必须具备较强的身心素质才能胜任具体的活动任务要求。运动者参与户外运动与拓展训练应重视自我运动身心素质训练，重视结合具体的运动项目与内容有针对性地提高重点体能素质和心理素质。本章重点就运动者从事户外运动与拓展训练的普遍性的体能与心理素质训练理论知识与具体方法进行解析，以为运动者积极进行体能素质与心理素质训练提供理论与实践指导，为从事户外运动与拓展训练奠定良好的体能素质与心理素质基础。

第一节　体能训练与心理训练概述

一、体能训练概述

体能训练是对身体的活动刺激，通过身体对活动刺激的适应，来提高机体的运动能力和运动适应能力。

从生理学角度来说，运动者参与体能训练，通过合理安排各种身体活动，可以有机体的生理变化，可促进有机体的生理机能、身体素质、感官反应等都能发生良性的变化，坚持一段时间后可形成身体对运动的良性适应。体能运动训练就是机体不断接受运动刺激和适应运动刺激的过程。

简单概括来说,机体参与体能训练的生理本质就是机体的运动负荷适应条件下的生理条件反应建立的过程,身体接受科学负荷刺激—机体发生适应变化—再刺激—机体再适应……机体在训练中适应刺激,并建立对运动刺激的条件反射,能在运动训练中保持一个较高的机体工作水平。

二、心理训练概述

研究表明,个人的心理特点受先天遗传因素和后天教育与环境因素的影响,因此,人的性格和心理活动并非是固定不变的,通过一定的心理干预,可促进个人心理的良性发展与改变,这就是心理可塑性。

运动实践表明,通过运动训练,可以促进一个人的心理不健全因素发生相应的改变。如一个胆小的人通过参与户外运动可变成一个敢于冒险的人;一个粗心马虎的人在参与一段时间的户外运动与拓展训练之后,能够变得心思缜密,并且能善于为他人着想。这正是体育运动参与对个人的心理性格与特征改变。

此外,通过一些专业性的心理咨询、心理训练,也可以促进个人的健康心理的发展与完善,促进个人的良好心态、良好性格的形成与发展。

第二节　体能训练的理论与方法

一、体能训练基本理论

(一)人体体能素质构成

人体体能素质包括五大部分,即力量素质、速度素质、耐力素质、柔韧素质、灵敏素质(图 7-1),任何人从事体育运动,都必须具备这五项基本体能素质。

对人体各项基本体能素质简要分析如下:

1. 力量素质

力量素质是人体肌肉系统工作时克服或对抗阻力的能力,是人们完成动作的动力来源。[①] 肌肉运动完成各种技术动作,需要克服一系列体外阻力,这种阻力克服就是力量素质的表现。力量素质是最基本的素质,也是其他各项素质的基础。

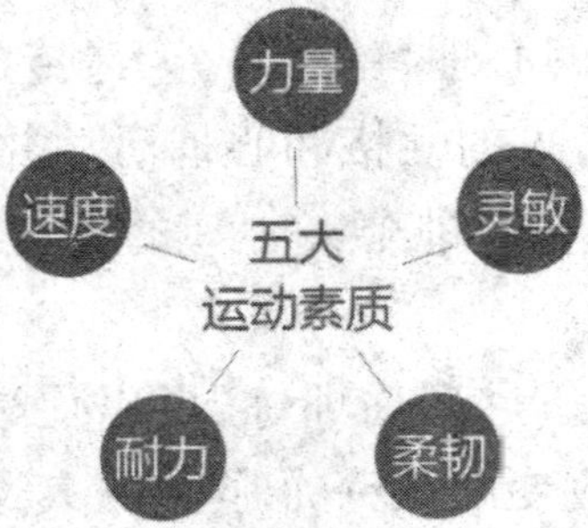

图 7-1

2. 速度素质

速度素质是人体快速做出运动反应、完成动作、移动的能力,包括反应速度、动作速度和位移速度。反应速度取决于接受信号做出反馈的素质;动作速度是指单位时间内完成的动作数量;位移速度是个体单位时间内移动的距离。

3. 耐力素质

耐力素质是个体在一定时间内保持特定强度负荷或动作质量的能力,如果个体保持特定强度或动作质量的时间长,或在一定时间内能承受更高强度,就说明耐力素质好。

4. 柔韧素质

柔韧素质是指人体关节活动幅度大小以及跨过关节的韧带、

① 张英波. 现代体能训练方法[M]. 北京:北京体育大学出版社,2007.

肌腱、肌肉、皮肤及其他组织的弹性和伸展能力。良好的柔韧素质能帮助运动者完成幅度更大的动作，可有效避免运动中的肌肉、韧带拉伤和其他相关运动损伤。

5. 灵敏素质

灵敏素质是一种典型的复合型素质，具体指个体在各种环境条件下迅速、准确和协调完成动作的能力。灵敏素质受其他体能素质的影响。

（二）体能素质训练的要求

1. 以健康为前提

健康是运动的目的，也是个体从事一切体育活动的根本要求。

参与体能素质训练，要充分结合自身实际，以自身实际体能发展需要和承受能力为前提，以促进身体健康发展为前提，在此基础上，有序提高各种体能素质，不能过分地去追求各种运动素质的提升，急于求成，忽视身体发育水平和承受水平。

2. 尊重发育规律

人的体能发展受个人生长发育客观规律的制约，体能素质训练要遵循身体生长发育的客观规律。对于处于生长发育期的不同时期的运动者来说，体能素质的训练和发展要求应表现出与年龄相符的阶段性特征。

3. 持之以恒

体能训练需要长期坚持，这样才能收到良好的训练效果。体能素质发展的目标不是一朝一夕就能实现的，“三天打鱼，两天晒网”，实现不了训练效果，体能训练必须长期坚持和持之以恒。

4. 科学负荷

个体运动经验、运动能力是有一定限度的，体能训练应科学安排运动负荷，尤其是青少年儿童成长发育的关键期，女性月经期、妊娠期、更年期等,更应该重视体能训练负荷的科学安排与调整,不可蜻蜓点水达不到训练标准,也不能揠苗助长超出身体承受能力,否则不仅不能提高体能素质水平,还会对身体健康造成损害。

5. 突出专项

体能发展与技能学练之间具有十分密切的关系。技术动作是完成一种体育动作的要领与方法,体能发展是为了给运动者从事专门性的运动奠定体能基础。

体能训练应与具体的运动项目要求相结合,以为运动者掌握具体专项技术动作奠定基础。

二、户外运动与拓展训练体能素质训练方法

(一)力量素质训练

根据身体各部位的训练,个人力量素质训练方法具体如下:

1. 肩部力量训练

提放双肩:两脚开立,身体正直,上提双肩至颈部,数秒后还原,反复练习。

负重臂绕和绕环:双手持哑铃做前平举、侧平举和臂绕环练习。

投掷实心球:肩上单手或头上双手掷实心球练习。

2. 手臂力量训练

瑞士球俯卧撑:身体伸直成直斜线,双手撑球,直体悬空固定,在球上做俯卧撑(图 7–2)。

图 7–2

引体向上：双手握单杠，利用臂力向上拉引身体（图 7–3）。

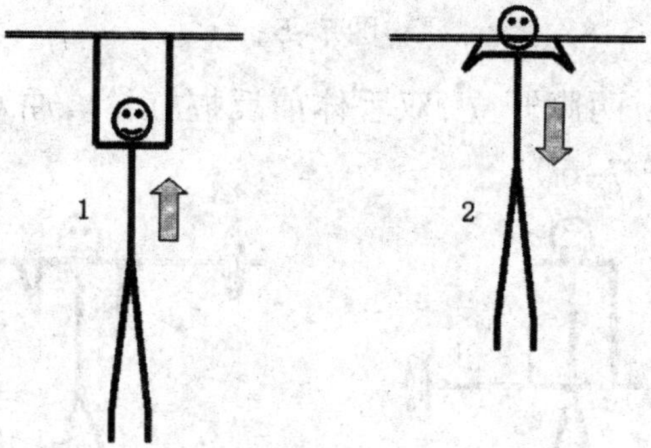

图 7–3

双杠臂撑起：双手撑双杠，先直臂、再屈肘撑身体数秒，还原，反复练习（图 7–4）。

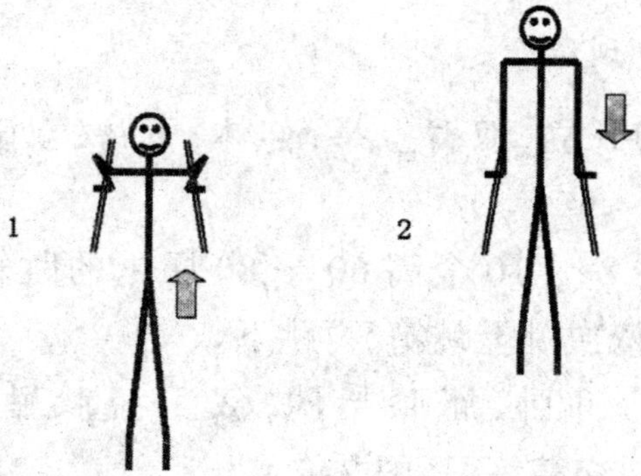

图 7–4

颈后伸臂：两脚开立，双手反握轻杠铃于头后部，反复直臂举杠铃（图 7–5）。

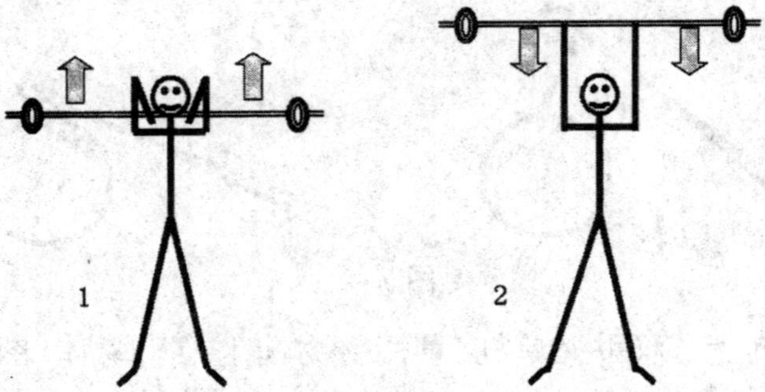

图 7-5

杠铃屈肘：两脚开立，双手体前反握杠铃。屈双臂上举杠铃，数秒后还原（图 7-6）。

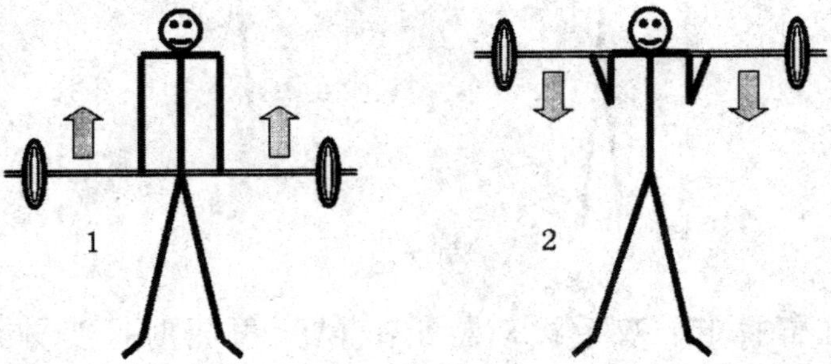

图 7-6

3. 腿部力量训练

跳远：双脚开立，双臂上举，伸体，下蹲，双腿蹬伸，前上跳起，双脚落地。

跳深：采用 8 ～ 10 个高 60 ～ 80 厘米的跳箱，间距约 1 米依次横向排列，依次跳上跳箱、再跳下。

仰卧提膝：仰卧，屈膝抬腿，双手拉膝贴近胸部，保持 10 ～ 30 秒，双腿交替练习（图 7-7）。

图 7-7

仰卧屈膝提腿：仰卧、屈膝，固定腹部，一腿抬起离地面15 ～ 30 厘米（图 7–8）。

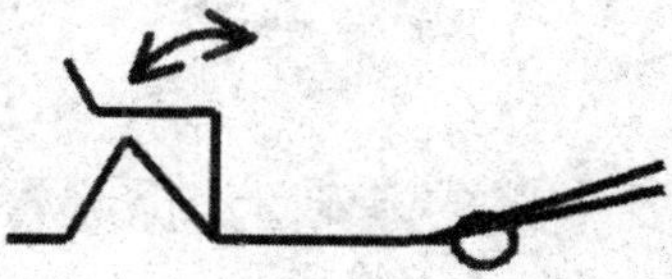

图 7–8

仰卧直膝提腿：仰卧、屈膝，固定腹部，直腿抬起离地面15 ～ 30 厘米（图 7–9）。

图 7–9

侧卧腿绕环：斜板上侧卧，举腿绕环，训练大腿肌（图7–10）。

图 7–10

4. 躯干力量训练

俯撑腿臂平伸：俯姿，直臂撑地，双腿跪撑地，右臂前伸，后伸左腿，右腿与躯干成一条直线（图 7–11）。

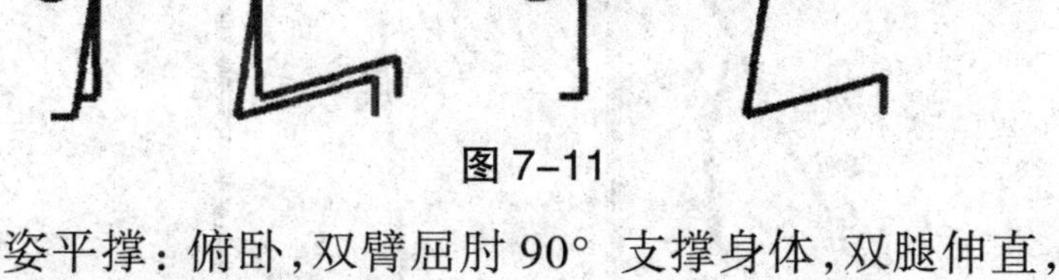

图 7–11

俯姿平撑：俯卧，双臂屈肘 90° 支撑身体，双腿伸直，脚尖撑地，固定腹背部（图 7–12）。

图 7-12

图 7-13

俯姿桥撑：在俯姿平撑的基础上，提起臀部，稍屈膝，身体成桥形姿势固定（图 7-13）。

仰姿臂撑：仰卧，双臂屈肘支撑身体，双腿伸直，脚撑地，提髋，直体，固定（图 7-14）。

图 7-14

侧卧两头起：侧卧，双臂伸直，双手于头上合拢，双腿伸直、并拢。双腿和双臂离地、固定（图 7-15）。

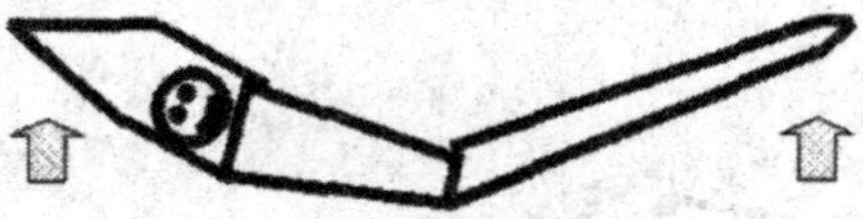

图 7-15

送髋：前臂靠墙支撑身体，头靠在双手上，身体向墙倾斜。后脚正对墙，脚跟贴在地面（图 7-16）。

压髋：弓箭步，一腿前伸，膝关节成 90°，膝关节在踝关节正上方。另一腿体后膝触地，下压后面腿和髋部（图 7-17）。

转髋：仰卧，头后握杆固定双手，收腹屈膝，左右转髋（图 7-18）。

图 7-16

图 7–17

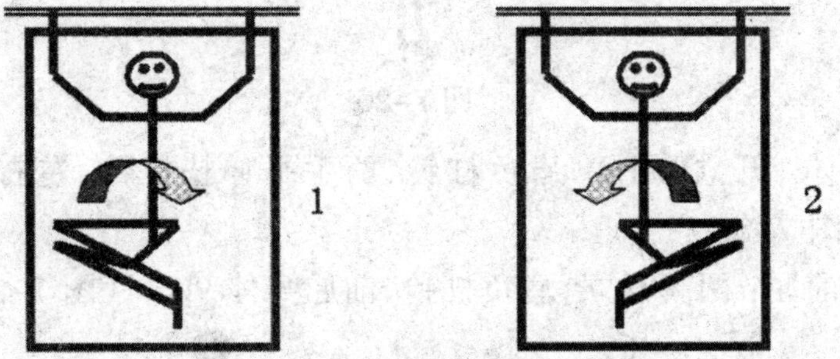

图 7–18

推腰：开立，双手扶腰，手指下推，伸展腰部（图 7–19）。

图 7–19

转腰：开立，髋上叉腰，上体侧转，头后转，左右反复练习（图 7–20）。

图 7-20

转体：开立，屈膝，肩负杠铃，两手平伸扶杠铃，左右侧转体 90°（图 7-21）。

体前屈：两脚开立，肩负杠铃，前屈身体 90°（图 7-22）。

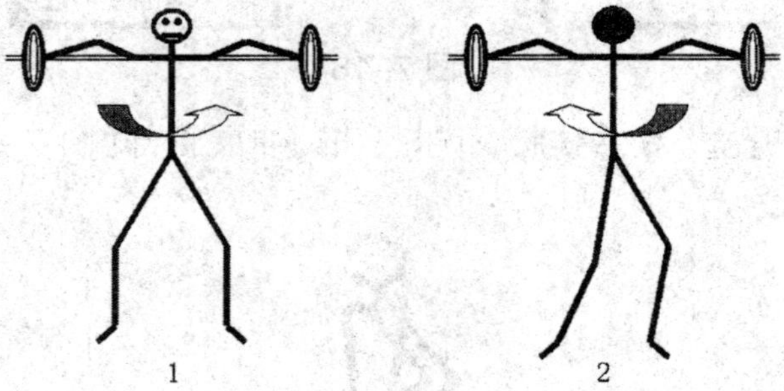

图 7-21

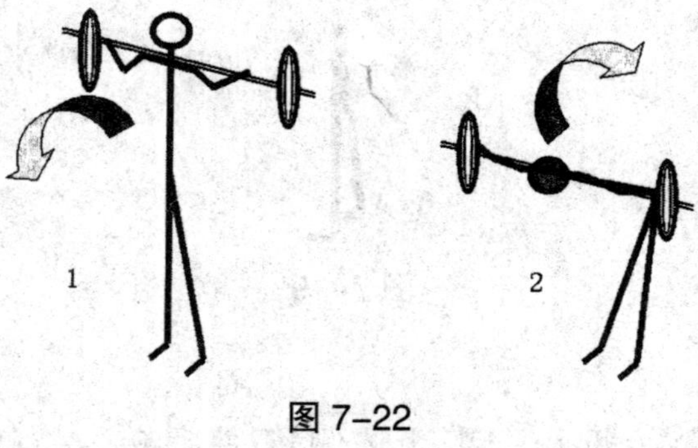

图 7-22

体侧屈：开立，肩负杠铃，左右屈上体 90°（图 7-23）。

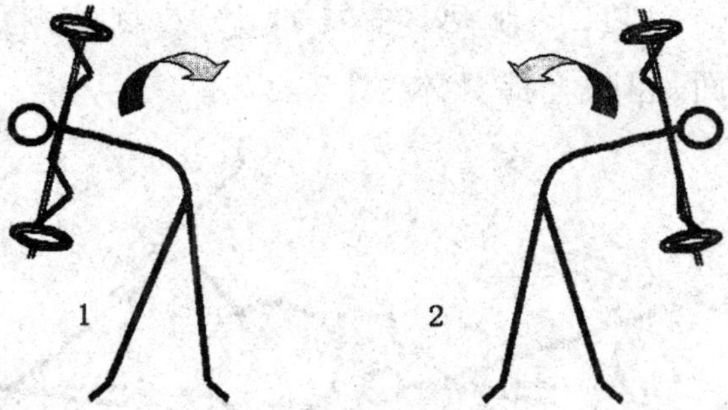

图 7-23

5. 全身力量训练

仰撑提腿：仰卧，双臂屈肘支撑，双腿伸直，脚撑地，提髋，直体，提起一条腿，稍停片刻，换另一腿，反复练习（图 7-24）。

图 7-24

侧撑抬臂：侧卧，单臂屈肘支撑，另一只臂屈侧举，双腿伸直、并拢，提髋离地，直体（图 7-25）。

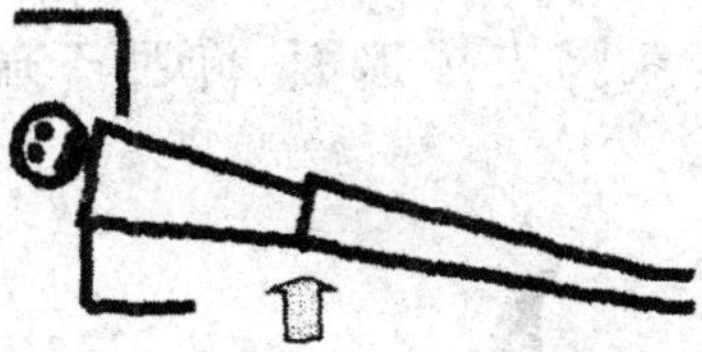

图 7-25

侧撑提腿：侧姿臂撑，提起一条腿，直膝、固定（图 7-26）。

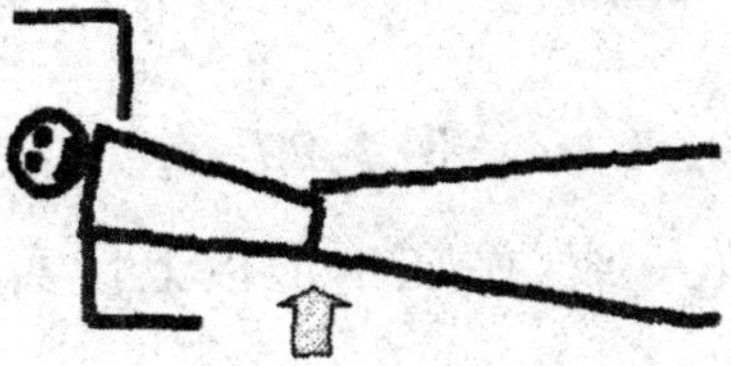

图 7-26

踩球提髋屈膝：直腿垫在瑞士球上，双脚并拢，直体悬空，头和肩枕在地面，屈膝上提身体（图 7–27）。

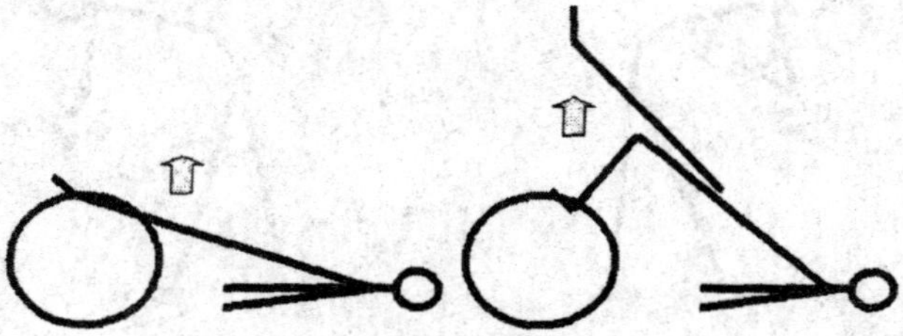

图 7–27

球上仰卧举腿：瑞士球上仰卧，双手握横杠，直腿上举（图 7–28）。

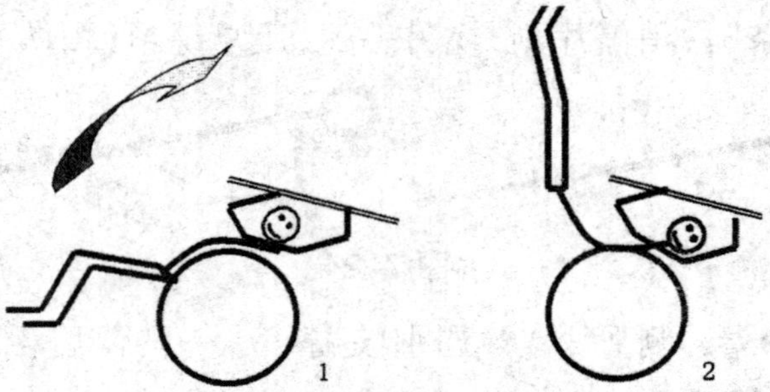

图 7–28

球上仰卧起坐：双脚支撑地面，仰卧于瑞士球上，进行仰卧起坐练习（图 7–29）。

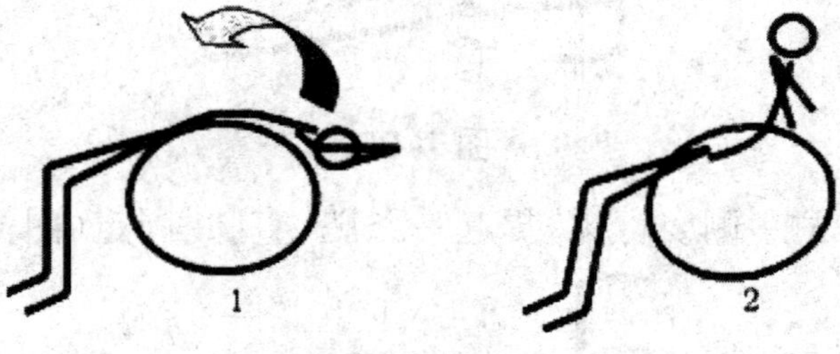

图 7–29

踩板传球：两人一组，站在 T 形板上传实心球（图 7–30）。

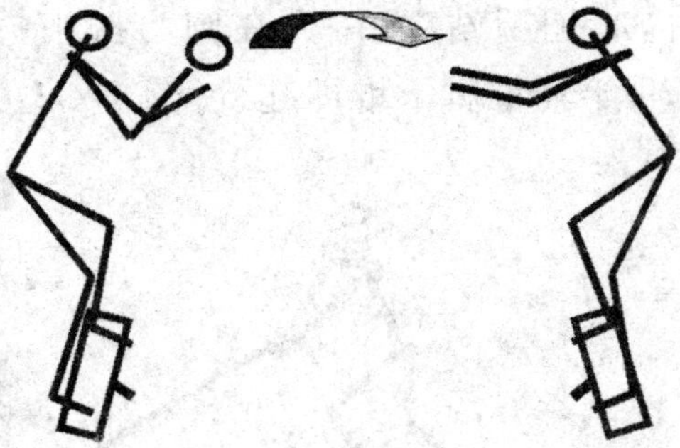

图 7-30

（二）速度素质训练

1. 反应速度训练

两人拍击：两人相互拍击对方背部，并避免被击中（图 7-31）。

图 7-31

起动追拍：两人一组，前后相距 2 ～ 3 米慢跑，听到信号加速跑，后者追逐拍击前者背部，两人交替练习（图 7-32）。

图 7-32

反应起跳：向心围圈站立，一人在圆心持小竹竿（竿长超过圈半径）绕圈画圆，竿经谁脚下谁即起跳（图 7-33）。

图 7-33

贴人：两两前后面向圈内围成一圈，间隔 2 米。两人圈外追逐，被追者跑至某两人前，则后面第三者逃跑（图 7-34）。

图 7-34

抢球：围圈慢跑抢球，球比人少一，没抢到球的人淘汰（图 7-35）。

图 7-35

2. 动作速度训练

（1）上肢和躯干动作速度训练

仰卧快速斜推哑铃：仰卧在瑞士球上，头枕球，上背部支撑体重，双脚在地面上，连续快速上推哑铃（图 7–36）。

图 7–36

俯卧快速提转哑铃：俯卧在瑞士球上，双手持哑铃，快速外展、提拉、收回（图 7–37）。

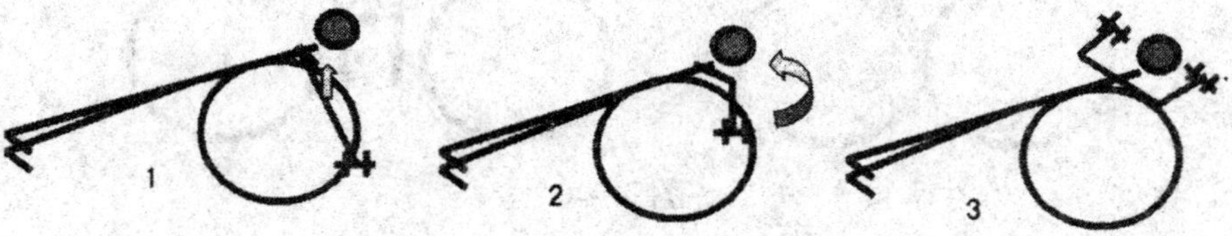

图 7–37

纵向飞鸟：体侧直臂快速提杠铃至头顶，还原（图 7–38）。

图 7–38

横向飞鸟：体侧向后直臂水平快速移动杠铃片至最大限度，还原（图 7–39）。

图 7-39

双球支撑快速扩胸：俯卧，双臂前臂支撑两瑞士球，双臂按球合拢、打开（图 7-40）。

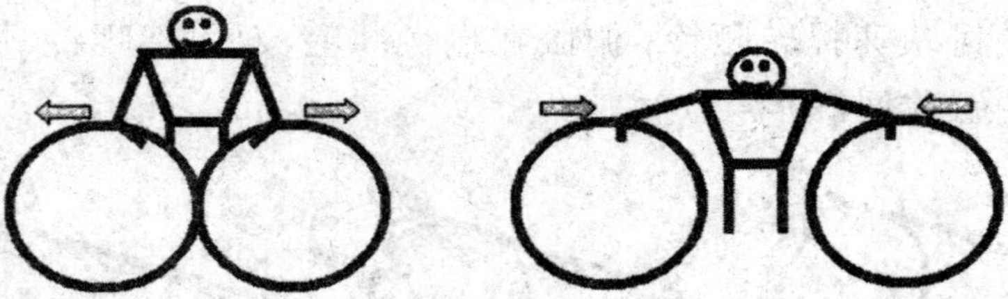

图 7-40

（2）下肢动作速度训练

直膝跳深：直膝依次跳下、跳上跳箱（图 7-41）。

图 7-41

跳栏杆：双脚起跳和落地依次跳栏架（图 7-42）。

图 7-42

绳梯 180° 转体跳(图 7-43)。

图 7-43

3. 位移速度训练

(1)前后摆臂练习(图 7-44)。

(2)高速单腿支撑跑(图 7-45)。

图 7-44

图 7-45

(3)单腿跳：单腿支撑,起跳腿大腿与地面平行(图 7-46)。

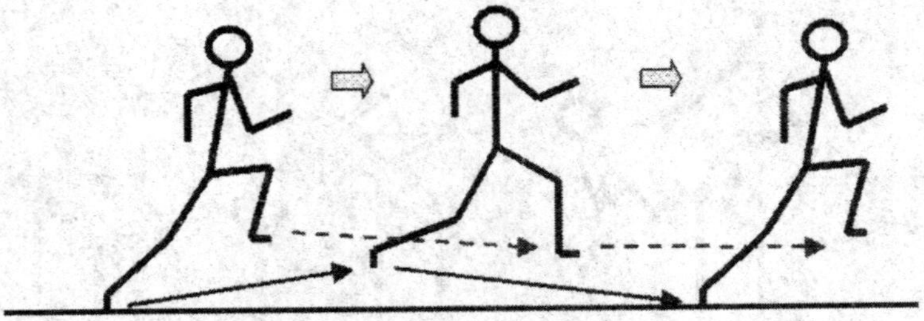

图 7–46

（4）后踢腿：摆动腿脚跟拍击臀部，膝上摆（图 7–47）。

（5）直腿跑：膝关节伸直跑进，脚尖翘起（图 7–48）。

图 7–47

图 7–48

（6）单腿（双腿）过栏架跑（图 7–49）。

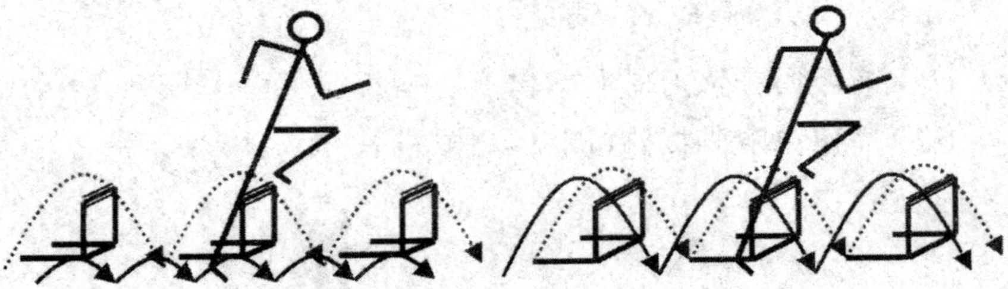

图 7–49

（7）拖轮胎（拖人）快跑（图 7–50）。

图 7–50

（三）耐力素质训练

1. 有氧耐力训练

（1）定时走：按规定时间做自然走或稍快些自然走 30 分钟，训练强度控制在 40%～50%。

（2）水中快走或大步走：在深 30～40 厘米的水池快速走或大步走，训练强度控制在 50%～55%。

（3）连续跑：匀速连续跑进一小时以上。

（4）越野跑，心率控制在 150～170 次 / 分左右，训练 1.5～2 小时。

2. 无氧耐力训练

（1）原地间歇高抬腿跑，训练强度控制在 90%～95%。

（2）间歇后蹬跑，训练强度控制在 80%。

（3）间歇车轮跑，训练强度控制在 75%～80%。

（4）反复加速跑，训练强度控制在 70%～80%。

（5）反复超赶跑，训练强度控制在 65%～75%。

（6）反复跑台阶，训练强度控制在 65%～70%。

（四）柔韧素质训练

1. 颈肩柔韧训练

拉头：前拉头、后拉头、侧拉头（图 7–51）。

图 7–51

拉肩：向内拉肩、向上拉肩、背向拉肩（图 7-52）。

图 7-52

直臂绕肩：直臂握棍棍从体前经头上绕到体后（图 7-53）。

2. 躯干柔韧训练

站立伸背：站立，双手扶栏杆，上体前倾下压（图 7-54）。

图 7-53

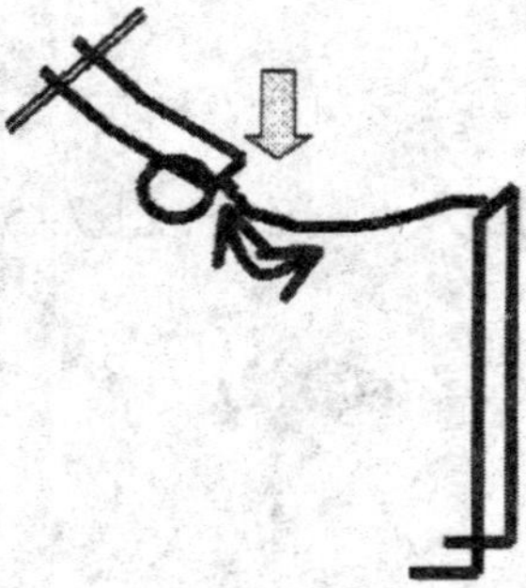

图 7-54

上体俯卧撑起：俯卧，双手在髋两侧撑地，双臂伸直撑起上体，头后仰，背弓（图 7-55）。

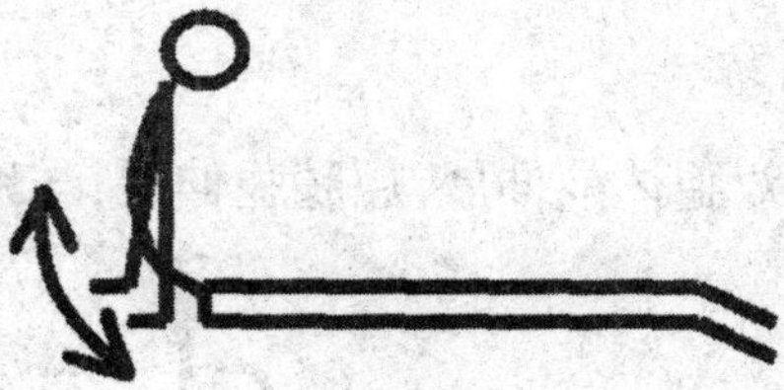

图 7–55

弓箭步压髋：弓箭步，屈膝 90°，后膝触地，下压后腿髋部（图 7–56）。

倒立屈髋：仰卧，举腿垂直倒立，头、肩、上臂支撑，双手扶腰，双腿并拢，直膝，双脚触地（图 7–57）。

图 7–56

图 7–57

跪立背弓：跪立，双手扶腿移至脚跟，背弓（图 7–58）。

俯卧背弓：俯卧，双手抓双踝，提胸部和双膝离地（图 7–59）。

图 7–58

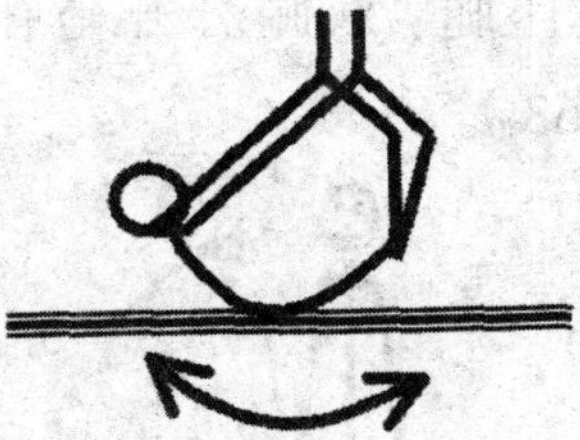

图 7–59

仰卧团身：仰卧，屈膝，脚滑向臀部。双手扶膝向胸和肩部牵拉，提髋（图 7–60）。

图 7–60

3. 下肢柔韧训练

坐拉引：坐姿，双腿体前伸展，屈膝腿伸展，与地面垂直（图 7-61）。

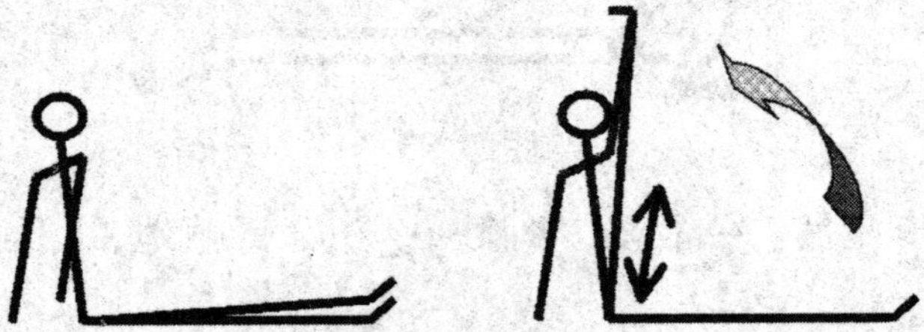

图 7-61

体侧屈压腿：侧对高台站立，一只脚放在台子上，侧屈压腿（图 7-62）。

图 7-62

坐压腿：双腿分开坐在地面，转体，上体前倾贴在一条腿上（图 7-63）。

图 7-63

（五）灵敏素质训练

1. 跑的训练

（1）原地团身跳。

（2）听信号或看手势前、后滑跳移动。

（3）退跑变疾跑：听或看信号后，迅速转体 180° 快速后退跑 5 米，接着再转体 180° 向前疾跑 5 米。

（4）越障碍跑。

2. 跳的训练

（1）跳高、跳远练习。

（2）越障碍跳。

（3）跳绳练习：单人、双人、花样跳绳。

3. 器械训练

（1）利用球进行传球、运球、颠球、接球和滚翻传接球练习。

（2）单双杠悬垂摆动练习。

（3）翻越肋木、钻山羊、钻栏架。

（4）通过户外运动与拓展训练专项技能、技巧练习，训练运动者的灵敏性。

第三节 心理训练的理论与方法

一、心理训练基本理论

（一）个人运动心理构成

1. 注意力

注意力是个体从事运动、避免运动技术变形、避免运动操作不当受伤的重要心理素质要素。

注意力对于运动者来说具有重要意义，尤其是高水平的运动员必须具有高强度、长时间的专注能力，并具有高质量的注意范围与广度。运动员必须全身心地投入到比赛当中去，否则就很容易造成动作、技术失误。

2. 思维

一个具有运动天赋的人，往往具有敏捷、缜密的思维，具体表现在他能在较短时间内理解运动技术的本质、规律、原理，并善于思考，能快速掌握技术动作特点，能分析和制订有效运动战略计划，解决运动训练中的各种难题。

运动者参与任何运动都不是简单的动作模仿，都需要思考。良好的思维能力有助于运动者（运动员）结合实际运动情况，正确支配大脑，做出正确决策并付诸正确行动。

3. 情绪

情绪是影响人的心理活动的一个非常重要的心理因素。通常，个体比较强烈的情绪都伴有体内一系列生理、心理变化，并进一步影响到具体的个体的行为。

参与户外运动与拓展训练，可以有丰富的运动情绪体验，也正是因为活动过程中会产生各种各样的问题，可引起运动者的情绪波动、变化，运动者应该学会控制情绪、引导情绪、疏导兴趣，使积极情绪促进运动行为的发生，减少消极情绪的影响。

4. 自信心

自信心是个体完成既定目标、任务的重要心理素质之一。

户外运动与拓展训练参与过程中，运动者良好的自信心表现在能积极应对户外运动与拓展训练活动中的困难，以及遇到问题的自己的态度和心理活动。运动者要始终保持良好的运动自信，充分肯定自己之前的训练和比赛经验，积极应对挑战，不妄自菲薄，同时，也不能盲目高估自己的运动实力，或不听从其他成员意见和建议贸然行动。

5. 意志品质

正如前面所提到过的，良好的意志品质是个人具有良好运动能力的重要表现，是个体完成各种具有一定难度的运动任务的重要基础。

户外运动与拓展训练中的冒险性、挑战性活动较多，对运动者的意志品质是重要的考验。运动中顺利、出色完成各种任务并不简单，尤其是在随着活动的持续一段时间后，运动者的体能消耗较大，容易产生心理疲劳，这时更加需要运动者有坚强的意志品质，能坚持完成运动训练，保持良好心态、积极应战。

（二）心理素质训练的要求

1. 训练有计划性

心理素质训练应有计划性。科学的训练计划能保证整个心理训练过程的顺利实施，使得运动者的心理能力有计划、有意识地得到良好发展。

2. 训练有针对性

心理素质训练应有针对性，具体表现在以下两个方面：

一方面，不同运动者之间存在运动差异，因此，心理训练都应该做到因人而异。

另一方面，不同的运动项目对运动者的心理素质发展方面有不同的要求，因此训练内容也应结合具体的运动专项，凸显出针对性。

3. 训练有重点

科学的心理素质训练应注重训练内容、方式、方法的选择，训练应有的放矢，结合具体运动者、具体项目，在专业人士的指导下，重点加强运动者薄弱环节的训练，以完善运动者的运动心理。

4. 训练应系统完整

对于任何体育运动爱好者来说，从事体育运动训练，心理训练都应贯穿整个运动训练期间，运动前、运动中，运动后都要坚持进行心理训练。

专业运动者或运动员，要想始终保证能够具备较好的心理素质，还需要在日常生活、运动训练和运动比赛中随时随地注重运动训练，不能因为在日常一些很小的事情而不重视个人心理素质的培养。

总之，良好心理素质训练和养成，需要做到心理素质训练的随时随地、长期坚持。

二、户外运动与拓展训练心理素质训练方法

（一）注意力训练

注意力是运动者全身心投入运动、专注于运动并减少损伤的重要运动心理因素。户外运动与拓展训练中的每一个动作技术操作不当都可能影响人身安全，因此，必须始终保持较高的注意力：

对运动者的注意力的训练，具体可采用以下方法：

1. 视物法

视物法，具体来说就是通过观察事物来凝聚视线和注意力，通过长时间的练习，可以将目光停留在一个物体上的时间不断延长。具体在练习时，要求运动者仔细观察一个目标物，数秒后，闭目回忆目标物，然后再观察。反复回忆，直到目标物清晰为止。

2. 看表法

借助手表、挂表进行注意力的练习。练习者可注视手表秒针的移动，每天两次，每次 3 ～ 4 遍，间隔 10 ～ 15 秒。经过一段时间的练习后，当练习者可持续盯着表针走动 5 分钟、10 分钟、30 分钟，甚至更长时间，则说明练习者的注意力得到了增强。

3. 发令法

众所周知，在嘈杂的环境中集中注意力是很难的，要捕捉到细小的信息就必须要集中注意力，这就要求运动者应集中注意力观察或聆听较弱的特定信号，然后采取相应行动。从多个声音和信号中去寻找指定声音和信号是一种锻炼注意力的有效方法。

（二）自信心训练

自信是参与体育运动和活动的重要心理准备。良好的自信心来自于运动者对自我的已有的运动经验和运动知识、技术水平的肯定与正确评价。运动者应对自己的运动经历和能力能自知自评、自省自悟，能正确地认识自我、了解自我，熟悉自己的弱点和优势并能克服弱点、发扬优势。

在户外运动与拓展训练中，具有自信心的运动者能自觉地调控杂念和消极情绪，始终保持良好的自信，以一种平和、专注、积极的态度去面对活动中出现的各种问题。

户外运动与拓展训练中未知因素较多，可能会产生各种行动受阻和运动损伤，在处于困境中，如何跨越困境，战胜自我恐惧、沮丧，就显得非常重要。对此，运动者自身应对体育运动开展的目的和意义有一个正确、深入的了解，在遇到困难、伤病后要建立积极的思维并设置应对计划与目标，缩短运动者接受失败、损伤事实和对康复治疗不信任到接受的过程，促进损伤恢复和运动自信的重新建立。

（三）意志品质训练

运动者的意志品质训练，通常采用以下方法：

1. 自制力训练

自制力训练，就是通过主观方面的心理调节，来坚定意志和信念，坚持完成运动训练任务。

具体来说，在自制力训练过程中，可引导运动者用自我暗示、教育、榜样作用以及树立正确的态度和动机等方法来克服运动训练中的客观困难（气候、场地、日照等）与主观困难（消极态度），培养运动者冷静的自制能力。

2. 克服困难训练

为了提高运动者面对困难的勇气和坦然态度，以及冷静应对困难的心境，可以增加运动者面对困难的机会。在日常运动参与过程中，可以主动制造困难，然后寻求解决方法。具体来说，在户外运动与拓展训练活动正式开始前，可有意识、有计划、有针对性地设置相应的困难，以培养运动者克服困难的能力，有意识地培养运动者对待困难的积极态度，提高其克服困难的能力。

3. 情绪调节训练

情绪可对心理活动产生较大影响，这种影响可能是积极的，也可能是消极的，个体应学会自我情绪控制与调节，使情绪对心理活动产生积极影响，尽量减少和消除消极影响。具体可以采用自我鼓励、自我说服、自我命令、自我暗示、放松训练等训练方法培养运动者自身调节和控制情绪的能力，以便于使运动者能在运动中始终保持良好的情绪状态。

需要特别指出的是，户外运动与拓展训练多是团队行动，团队的情绪也是影响团队行动和团队成员相互配合的重要因素，应引起重视。团队的情绪状态是心理气氛的特殊形式，好成绩和胜利可使每个运动员和整个团体都产生一种满足，进入情绪的高涨状态，这种情绪能提高队员为争取新的成绩而更有效地工作的愿望。失败也同样可以起促进作用，增添力量，这需要分析失败原因，汲取教训，克服消极情绪，振奋精神。

无论是个人情绪还是团队情绪调节，都在户外运动与拓展训练活动的开展中具有重要的意义，应该引起重视，不断训练，提高个人和团队情绪调节能力，以促进户外运动与拓展训练任务的顺利、高效完成。

第八章　户外运动训练方法

户外运动在自然环境下进行,可以使人亲近大自然,感受大自然的魅力,并激发人们挑战自我的勇气与信心。而且,户外运动还能够培养人的综合能力,促进人体健康和身心愉悦。因此,户外运动不仅成为全民健身的重要内容,还逐渐进入学校,与体育教学相互渗透,成为学生喜爱的运动方式。户外运动的内容非常丰富,运动者应从自身身体条件与兴趣爱好出发选择适宜的项目,并掌握科学的运动方法,从而提高运动效果,实现预期的运动目标。本章主要就不同类型户外运动的训练方法展开研究,包括山地户外运动、水上户外运动、冰雪户外运动以及空中户外运动这几种类型。

第一节　山地户外运动训练

一、登山运动训练

登山是指在特定要求下,运动者徒手或使用专门装备,从低海拔地形向高海拔山峰攀登的体育活动。登山成为专门的体育运动是在18世纪末期。登山的益处主要表现为增强视力,锻炼心肺功能,提高肢体协调能力,消耗脂肪,延缓衰老等。登山是运动者一步一步朝目标山峰行进的过程,整个过程包括行军和短时休息两个方面。

(一)行军

1. 行军原则

登山过程中,行军要坚持以下几项原则:

(1)了解山区基本情况。

登山者对山区的地理环境、气候状况要有清楚的了解,这样可以预防发生迷路现象,节省体力消耗,使行进更顺利。

(2)走梁不走沟,走纵不走横。

如果必须要越野,则应避开低处,在高处行进。之所以选择在高处行进,主要是因为通风良好,不潮湿,而且相对于低处来说,便于确定站立点,也少有荆棘、杂草、虫害等影响行进的障碍物。

(3)控制好行进节奏。

行进过程中要调整好呼吸,呼吸与步调保持一致,如果步调快,呼吸慢,则容易出现呼吸不畅、疲劳症状,此时要放慢步子,稍作调整,使呼吸与步调合拍。

(4)大步走原则。

大步走的好处是节约体力。大步走时,脚掌着地,不要用脚尖走,上体稍微向前倾,重心随落地脚的支撑而左右移动。

(5)体力分配原则。

一般情况下这样分配体力:登山时月 1/3,下山用 1/3,留下 1/3 余力以应对意外事故。

(6)行军组队原则。

行军时要科学组队,领队者登山经验丰富,走在最前面,将步调和路线准确掌握好,率领全队有序前进。通常,应将经验不足或体力较弱者安排在第 2、3 位置,这是登山队伍行军中的最佳位置。如果登山者众多,可分成若干小队,每队 5 ～ 6 人。每队中至少要有一名经验丰富者。

2. 行军技术

行军过程中要注意控制好节奏，维持身体平衡，跟着步调调整呼吸。具体技术方法如下：

（1）上山。

上山与在平地行走的方法没有太大的区别，但体力消耗明显比平地行走多。鉴于此，登山者要根据自己的身体情况而安排行程，登山前要对山地的地理环境、气象条件有一定的了解，要带好必要的装备等。开始登山时，步伐不宜太快，不急不慢，控制好节奏，适度抬起脚，以节省体力为原则，手臂配合摆动，保持身体平衡，时刻注意呼吸的调整，不要憋气。

上山攀登的方法主要有以下两种：

第一，直线攀登法。坡度不超过30° 适合采用这一方法上山，攀登时要屈膝，两脚"八"字形行进，脚掌着地，身体稍前倾，步子不能过大，速度也不要过快。

第二，"之"字形攀登法。坡度超过30° 时适合采用这一攀登方法上山，就是按"之"字形路线左右斜越、盘旋而上。和上一种攀登方法相比，这种攀登方式的难度较低，而且危险性也低。采用这种方法上山时，稍屈膝，上体前倾；内侧脚脚尖向前，外侧脚脚尖稍向外撇。如果在上山途中滑倒，要面向山坡，两臂张开，两腿伸直，尽量向上移动身体重心，以达到减缓下滑速度的目的。同时要观察四周，寻找支撑物。

"之"字形攀登路线如图 8-1 所示。

（2）下山。

下山虽然不会消耗太多体力，但很容易发生意外。下山时，要集中注意力，仔细观察前面路况，确定好路线再迈步，不要埋头向下冲，以防摔倒跌落。如果坡比较陡，更要缓慢行走，否则不小心就容易跌落，而且也会导致脚跟和膝关节疼痛。

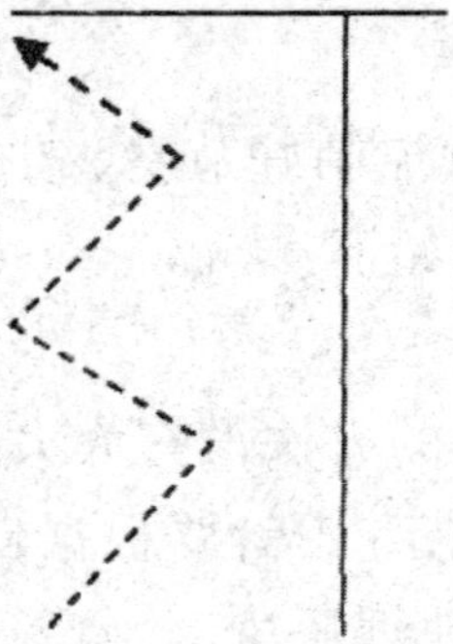

图 8-1

（3）走山脉棱线。

登山中最常走的就是山脉棱线。山的棱线可以说是形态各异，如果在行进过程中迷路，不要慌张，仔细观察周边环境，选安全路线继续前进，要尽可能保存体力。

3. 穿林

登山过程中如果要穿过丛林，要特别留意方向，如果对丛林的情况不熟悉，最好随身携带指南针，或者请对山林环境比较熟悉的人引路。此外，简易无线电通信设备也是有必要随身携带的，以便在遇到困难时及时和他人取得联系。

登山队伍中所有成员尽可能集中穿过丛林，不要太分散，否则容易与指挥人员失联。登山者最好穿长袖、长裤穿林，以防裸露的皮肤被蚊虫叮咬或被草木枝杈划破。如果要穿越的丛林环境复杂，藤蔓竹草交织，而且草又长又密，则需要带砍刀，边砍边行进。用刀开路时的技巧是：不过头，两边分，从中走；不见天，吹个洞，往里钻。

4. 渡河

登山途中遇到河流也是常见的情况，有的河流清澈见底，水流缓慢，有的河流水深湍急。河流的水位和水的流速也因复杂的山间地形和变化无常的天气而不断变化。因此，登山者在涉水渡河时要先实地考察河流环境，对河流的深浅、河底的结构以及水的流速等都要有一定的了解，然后在此基础上将渡河的地点和方法确定下来。

一般来说，山间河流的河底结构复杂，坎坷不平，而且水流比较急，水的温度比较低，水性时常变化。所以登山者不可鲁莽渡河，要先仔细观察河流情况，选择一条安全的渡河路线，以科学的方法下水渡河。河水较浅、水流较缓、没有暗流和漩涡的地方是下水渡河的首选位置。登山者要穿鞋过河，这样更安全，也会使行进过程更顺利，光脚容易被河底的石子和其他尖锐的东西划破，也容易滑到。

下面简要分析单人渡河、双人渡河和多人渡河的方法。

（1）单人渡河法。

登山者一个人渡河时，要准备一根木棍或长竹竿，下水后将木棍或竹竿撑着河底走。木棍或竹竿的支点在水的上游。移动行进时，身体稍微向上游方向倾斜，以木棍或竹竿的支点为依靠，当两脚稳稳站立后再将木棍向前移。注意渡河时步子不要太大，不要走得太快，脚也不要抬得太高。如果水流湍急，将保护绳系在腰间，由岸上的人保护，以防被水冲倒时遇到危险。

（2）两人渡河法。

两名登山者一起渡河时，面对面站立，双手搭在对方肩上，保持一致的步调。

（3）多人渡河法。

多名登山队员一起渡河时，则在分组的基础上采用“墙式”渡河法或“轮状”渡河法，每组 3 ～ 5 人。前一种渡河方法是，每组成员以一列横队站好，互相搭着邻近同伴的肩膀，步调一致向目标方向前进。后一种渡河方法是，每组成员围成一个圆圈，相互搭着邻近同伴的肩膀，像车轮一样朝水流方向转动。

（二）休息

登山途中要适当休息，在休息过程中调整行装，补充水和食物，以促进体力恢复。休息时也可利用这个时间来进一步观察周边环境，辨认地形，做好接下来的行进规划。

登山途中休息时应注意以下几个要点：

1. 把握好休息时间

刚开始行进20～30分钟后，可休息一次，以整理行李、服装，根据气候和自身体温变化而增减衣物等。以后每行进1小时就休息5～10分钟左右，放松身体，缓解疲劳，恢复体力。

2. 短时间休息的安排

如果休息时间较短，则不需要将行装全部卸下，屈体，手持登山杖，上体依靠在登山杖上以放松肩部和腰部，调整好呼吸。注意扶稳登山杖，以免打滑。

3. 较长时间休息的安排

如果休息时间较长，可将行装卸下，先做一些简单的体操动作，以活动筋骨，放松身体，然后补充水和食物，不可以一次补充太多食物，要分几次进食，这样不易影响消化功能，而且更有助于体力的恢复。补充食物时要特别注意对糖分的补充。休息后每个人都要处理自己制造的垃圾，爱护环境。

二、攀岩运动训练

攀岩起源于20世纪50年代的欧洲，最初主要是攀登自然岩壁。20世纪60年代末，攀岩运动在全世界兴起并得到迅速发展。早期攀岩的主要比赛形式是结组攀登（以速度为主），后来才出现个人速度赛。国际比赛必须采用人工岩壁。

攀岩运动是一项典型的户外运动，深受年轻人喜爱，这项户外运动对参与者的身体条件要求较高，而且要求参与者熟练掌握基本技能。加强基础技能训练，不仅能够提高攀岩水平，而且还能更好地保障安全。

下面简要分析攀岩运动的基本技能训练。

（一）身体姿势

攀岩时，面向岩壁，三点固定支撑，身体直立，保持放松，与岩壁之间要有适当距离，距离长短视岩壁陡缓程度而定。同时用力完成上拉和下蹬动作，重心落在脚上。

（二）攀岩手法

攀岩手法很重要，要充分发挥手臂的作用，从而使身体顺利向上运动，并与岩壁贴近。岩壁上的支点有很多不同的形状，攀登者要熟悉如何抓握不同形状的支点。

根据岩壁支点上凹陷或突出的位置和方向，常见的抓握支点的方法有抠、握、捏、攥、拉、推等。攀岩实践中不要拘泥使用其中一种抓握方法，同一形状的支点可以使用多个方法来抓握。例如，圆疙瘩形状的支点上有个小平台，抓握时手指搭在平台上面垂直向下拉，但也可以完全将支点捏住，这样能够使身体与岩壁更加贴近。又如，遇到两手抓同一支点的情况，一般要将最好抓握的位置让给后手，这样换手时就不会太麻烦。将支点抓握住要水平用力时，为增加水平摩擦力，需放低手臂位置，增加向下的拉力。同时拇指用力搭在支点上，将拇指的力量充分发挥出来。水平浅槽的支点是岩壁上最常见的一种支点，抓握这类支点时，将拇指扭过来，指肚一侧扣进手槽，以增加力量。

攀岩路线较长时，在合适的地段（仰角较小或没有仰角，手上有较大支点的位置）两手交替休息。休息时双脚在支点上要踩稳，手臂拉直，不要屈臂，上体向后仰，腰部向前顶，使下身与岩壁贴近，把重心放到脚上，使手臂负担小一些。休息结束后，先活动一下手指再继续攀登，必要时在手上擦镁粉，防止攀登时因手打滑而无法顺利抓住支点。

（三）攀岩脚法

腿的负重能力比较强，而且有很大的爆发力和很强的耐力，攀岩过程中要将腿脚的力量充分利用起来。攀岩者要穿专门的攀岩鞋,这样即使支点很窄,踩上去也能站稳,能将整个身体的重量稳固支撑起来。

穿上攀岩鞋后,鞋正前尖、鞋尖内侧边、鞋尖外侧边和鞋后跟尖这四处都能接触支点。鞋所踩的支点的宽度为一指左右,要换脚或转体时,脚要承受整个体重,为了顺利左右旋转运动,需要把整个脚掌放到支点上。

在攀岩中换脚是经常使用的一项基本技术。一些初学者换脚时容易犯的错误是前脚用力蹬支点,身体跃起,后脚踩在前脚原来踩的支点上,看似干脆利落,但却是不正确的换脚方法。这样会使手部承受太大的压力,而且容易导致身体失去平衡,在较高支点处更不可这样换脚。

正确的换脚方法不会使手部承受太大的负担,也不会造成身体失衡,而且在较高支点处也可使用。例如,从右脚换到左脚,左脚先提到右脚上方,右脚以所在支点的最右侧为轴逆时针转,将支点左侧位置空出,重心依然放在右脚上,左脚从右脚上方切入,踩在右脚所在的支点上,右脚快速离开支点,重心移动到左脚上。动作要连贯,一气呵成,手部主要用来维持身体平衡。不要总是把脚放在支点上,有时需要将一只腿伸出悬空,以此来对身体重心的位置进行调节。

(四)手脚配合

在攀岩中,上下肢要协调用力。初学者或技术较差者要特别注意锻炼上肢力量,只有上肢发力,同时下肢蹬压,才能使身体向上运动,使身体靠近岩壁。所以,练好上肢力量尤其重要,要特别加强手指力量、手腕力量和小臂力量的锻炼。在上肢力量的锻炼中,也要配合锻炼脚趾力量、脚腕力量及腿部力量等下肢力量,从而根据上下肢不同的用力方向使重心灵活移动。

第二节　水上户外运动训练

一、赛艇运动训练

赛艇运动是桨手乘艇背向前进方向划进的一项划船运动。赛艇运动起源于17世纪的英国，1715年，英国首次举行了赛艇比赛。赛艇运动最早主要流行于欧洲、北美的工业国家。我国赛艇运动最早是在上海兴起的，从20世纪70年代开始，中国赛艇开始参加世界比赛，并取得了令人瞩目的成绩。

赛艇是一项周期性运动，技术动作是周期性重复的，一个划桨周期包括以下4个技术环节。

（一）提桨入水

提桨入水前要做好准备，把桨推到前端，两臂自然前伸，上体前倾20°～30°，小腿与龙骨垂直，屈膝45°～60°，身体重心在滑座蹬脚板之间，肌肉适度紧张，注意力高度集中（图8-2）。

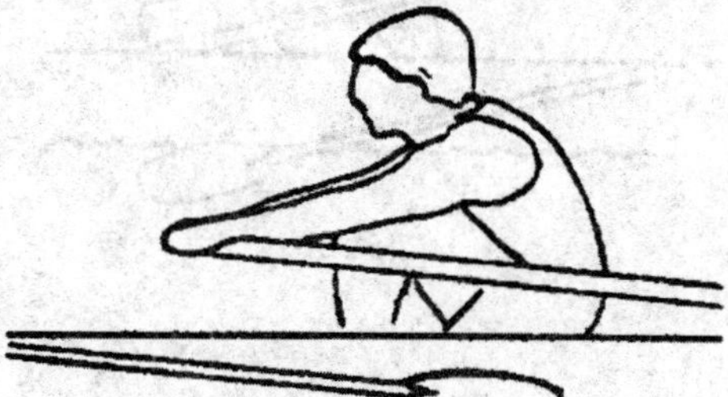

图8-2

提桨入水时，自然团身，重心置于脚蹬板的前掌上，双手向前向上弧形推桨，滑轮即将碰到“前止点”时开始迅速而有力地蹬腿，水花不大是正确提桨入水的主要标志（图8-3）。

图 8-3

(二)拉桨

拉桨阶段分以下几个步骤:

1. 第一步

桨叶插入水中时,双腿向斜后上方迅速蹬伸,双手继续稳定牵拉,向桨叶方向传递身体的重力,进入强有力的划水阶段(图 8-4)。

图 8-4

2. 第二步

拉桨的同时,上体打开向船首运动,配合手臂动作,稳定划水,上体打开的过程中,尽快赶上蹬腿速度,使桨叶强有力地加速划水(图 8-5)。

图 8-5

3. 第三步

桨柄靠近船体垂直位置时，屈臂用力牵拉，上体继续向船首运动，双臂水平屈曲，两手上下前后交叉，上体和双臂配合稳定牵拉（图 8-6）。

图 8-6

4. 拉桨结束

拉桨过程中，双腿逐渐伸直，上体和两臂协调配合，有力牵拉，从而保持脚蹬板的有力支撑，在桨叶出水前身体重心置于桨柄后面，上体向后倾斜约 20°，略含胸，使桨有力地支撑在水中，桨柄高度约与大腿相距 20 厘米（图 8-7）。

（三）按桨和推桨开始

桨牵拉到约与胸肋相距 10 ～ 15 厘米时，手腕和前臂协调用力使桨柄向下向前快速弧形运动，桨叶同时从水面跳出，朝艇尾方向推桨时，将桨叶自然转成水平状。桨叶出水瞬间，身体放松，脚不再蹬脚蹬板，重心位于滑座上。注意桨叶出水前“后划角”约为 30° ，出水干净、高度适宜（图 8-8）。

图 8-7

图 8-8

（四）推桨

按桨出水的同时桨柄圆滑连贯地推向膝部上方（图 8-9）。正确推桨技术的“三步曲”是手握桨柄推移→带动肩和上体跟上完成上体的前倾→启动滑座前移。

图 8-9

二、自然水域的游泳运动训练

游泳在水环境中进行，集水浴、空气浴、日光浴于一身，有利于人体健康。对于户外运动爱好者而言，自然水域的游泳是强身健体的首选方式。英国是现代游泳运动的起源地。早在 17 世纪 60 年代，英国很多地区就广泛开展游泳活动。我国的游泳运动也有悠久的历史，现在有大量的游泳爱好者。户外自然水环境是游泳的主要场所之一，水的温度低，密度大，有利于血液循环，增强肌肉力量，还能锻炼意志品质。在户外自然水域中进行游泳，要准备好游泳衣裤、泳帽、泳镜、耳塞、浮体物品、鼻夹、备用衣裤等物品，并要特别注意安全，尽可能在熟悉的水域游泳。

常见游泳姿势有蛙泳、爬泳、仰泳、蝶泳、潜泳等，下面主要分析蛙泳这种泳姿的技术训练。

（一）身体姿势

水中俯卧，两臂夹头，目视前下方，腹部与双腿在同一水平面，手臂靠近水面，身体纵轴与水平面的夹角约为 5° ～ 10°（图 8–10 之 1）。

划水和抬头吸气时，上体向上抬，肩和背部的一部分露出水面（图 8–10 之 2）。

图 8–10

（二）腿部动作

1. 收腿

双膝下沉，小腿折叠至与水平面接近垂直，用较小的力收腿，大腿与躯干夹角约为 130° ～ 140° （图 8-11）。

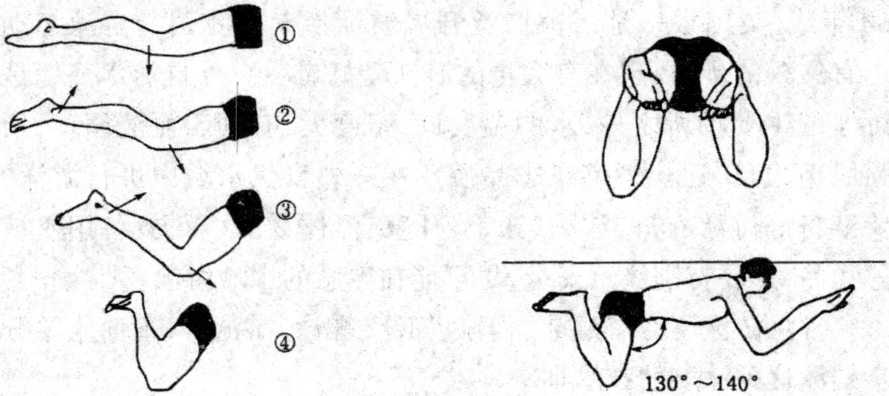

图 8-11

2. 翻脚

小腿外张，大腿内旋，脚尖向两侧转，翻脚动作快结束时，开始蹬夹，同时继续翻脚。

3. 蹬夹水

后蹬时，脚继续向外运动，随后腰腹、大腿发力，下肢各关节依次伸展，双脚向后内部运动，直至两腿蹬直且并拢（图 8-12）。

4. 滑行

两腿并拢伸直，用惯性的力向前滑行，身体成俯卧姿势，腿放松，做好收腿准备。

（三）手臂动作

双手由“桃心”的尖顶开始，连续不断地划动一周后回到尖顶（图 8-13）。手臂划水包括以下 4 个阶段。

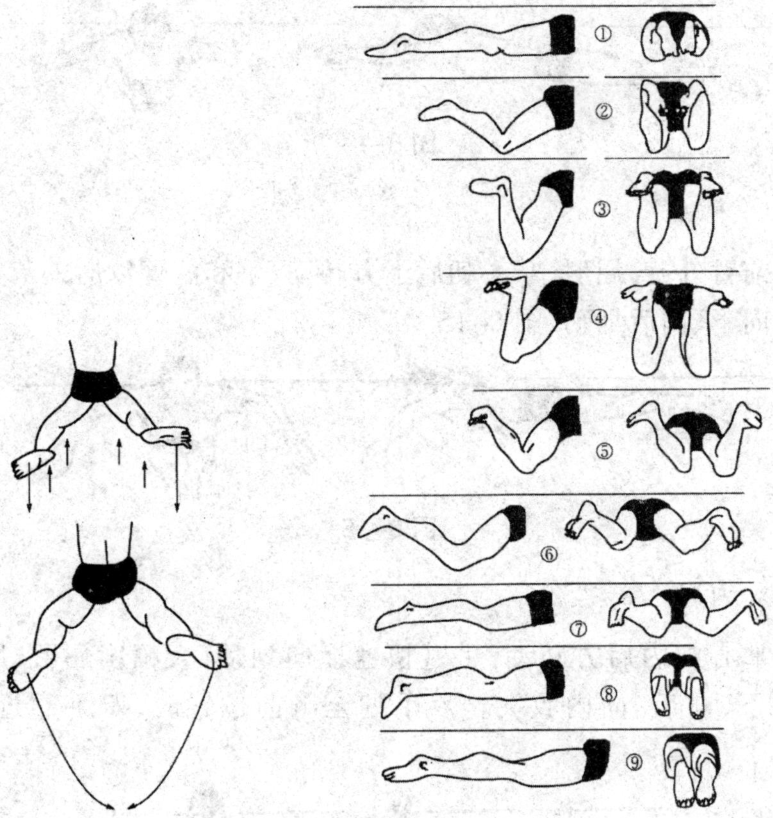

图 8-12

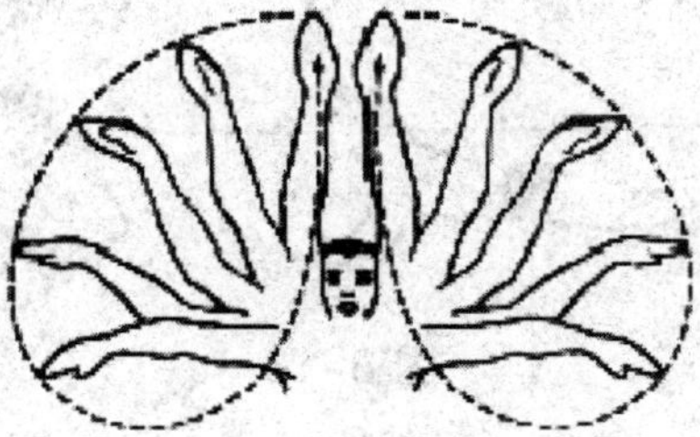

图 8-13

1. 外划

两臂内旋，向外横向划动，双手间距相当于肩宽的两倍（图 8-14）。控制好游动速度。

图 8-14

2. 下划

前臂外旋，屈肘，掌心朝后下方转动，手和前臂以肘关节为轴加速向下、向后划动(图 8-15)。

图 8-15

3. 内划

掌心向内后方转动，手臂快速横向划动，大幅度屈臂，肘关节向下、向后、向内收夹。双手划至胸前位置时，双手靠近(图 8-16)。

图 8-16

4. 前伸

内划动作即将结束时，双手靠拢。肘关节沿平滑弧线前移，双手向前伸展。头迅速下沉，双臂夹头。肩部伸展，身体以线型姿势滑行(图 8-17)。

图 8–17

（四）配合动作

1. 臂与腿的配合

两臂内划时，两腿放松，膝下沉，腿慢慢收回；两臂向前伸展时，快速收腿，准确完成翻脚动作；两臂即将完全伸直时，快速向后蹬夹；手臂、腿及上体都要尽可能伸展，以流线型姿势滑行（图 8–18）。

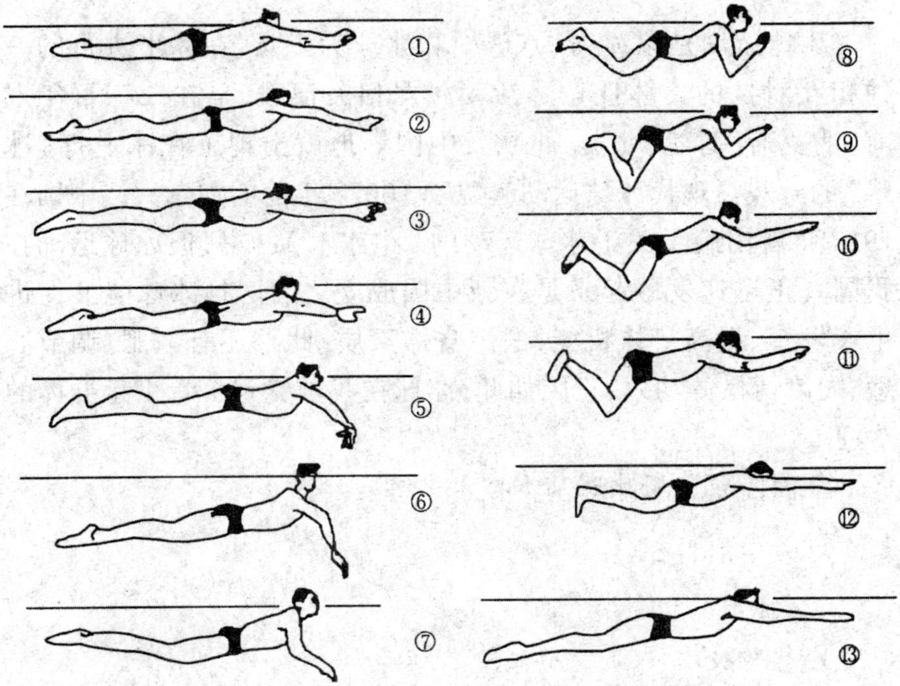

图 8–18

2. 呼吸与臂的配合

蛙泳中的呼吸方法有以下两种：

第一，抬头，下颌向前伸，口露出水面吸气，肩部小幅度上下起伏。

第二，手臂用力划水时，头和肩露出水面并吸气，头稍向上抬，动作幅度小。

呼吸与臂的配合形式有两种，即“早吸气”和“晚吸气”。前者是两臂开始划水时吸气；后者是两臂划水动作即将结束时吸气。“早吸气”的方法更适合初学者。

第三节　冰雪户外运动训练

一、冰球运动训练

冰球运动是以冰刀、冰球杆和冰球为工具，在冰上进行的一种相互对抗的集体性竞赛活动。据相关记载，早在二三百年以前，俄罗斯、荷兰、北美、北欧及中国等地就出现了在冰上打“冰球”的游戏。现代冰球运动起源于100多年前的加拿大。中国在1927年就出版了关于冰球运动的《跑冰术》一书，但冰球运动在我国真正迅速发展起来是在新中国成立之后。打冰球能够促进生长发育、提高身体机能、锻炼身体素质，此外还有减肥、调节心理、陶冶情操等功效，正因如此，冰球在我国受到了青少年群体的欢迎。

下面简要分析冰球基本技术训练。

（一）滑跑技术

1. 起跑技术

以正面起跑为例，站在冰面上，两脚分开同肩宽，屈膝，上体略前倾。起跑时，上体进一步前倾，与冰面呈 45° 角，重心前移，如用左脚开始起跑，左脚向外转，与滑行中线呈 80° ～ 90° 角；用左腿蹬冰，同时右腿前摆（不宜太高），右臂用力后摆，右脚下刀时，冰刀与前进的直线大约呈 51° 角。右脚落冰后，重心移至右腿，右腿屈膝降低重心，立即开始第二步的蹬冰动作。

2. 滑行技术

以向前滑行为例，具体包括以下四个阶段：

（1）蹬冰

如用左腿支撑滑行，则右腿蹬冰，动作方法为，重心开始从右腿向左腿移动，用右刀刃切入冰面，向右侧用力蹬冰；髋、膝关节依次伸展，屈踝关节，使刀的前半部分用力来结束蹬冰动作，此时，用左脚滑行。

（2）收腿

右腿蹬冰结束，利用蹬冰反作用力开始收腿，收腿顺序是屈髋、屈膝、伸踝，大腿带动小腿，积极前提，放松过程很短；收腿时冰刀离冰面不要太高，收到滑脚（左脚）之后。

（3）下刀

收腿后的右脚在靠近支撑脚的位置下刀，出刀角度随着滑速的增加而缩小，大约在 36° ～ 39° 之间；下刀从外刃着冰开始迅速过渡到全刃着冰。

（4）滑行

左脚蹬冰开始，右脚冰刀下刀开始滑行，左脚蹬冰结束，重心完全移到右脚上滑行，单脚滑行应全脚着冰；滑行时，膝部垂直线应超过刀尖。

3. 转身技术

以滑行转身—正滑变倒滑为例，这是一种基本的转身技术，后卫应熟练掌握该技术。这项技术的动作方法为，从向前滑行开始，向右转身时，重心移到左脚上，右脚收回，靠近左脚，上体与冰面垂直；转身时，两手握杆放于身体右侧前方，重心向右移动，左刀刀跟向左外转动大约45°，膝关节伸展向下蹬冰，使身体重心提高，以左刀尖为轴，身体开始转动；头、肩、上体、髋迅速向右旋转，带动右腿转至大约135°后，右刀着冰，重心移到右脚上，右腿屈膝，左脚收回，两脚距离同肩宽，开始倒滑。向左转身和向右一样，只是方向相反。

4. 急停技术

以双脚侧急停为例，整个动作分为预备和急停两个阶段。

预备阶段：身体向前滑行，准备急停时，两腿靠拢，膝关节适当伸直，重心略升高，两刀同肩宽，手握杆放于体前。

急停阶段：急停时，重心向侧后方移动，头、肩、上体急转并带动两脚急转，与前进方向呈90°角，屈膝用力蹬冰，如向右侧急停，则右刀在前，左刀在后，体重放在两刀前半部，用右刀外刃前半部切入冰面，增加制动摩擦力。

（二）进攻技术

1. 传接球

（1）传球。

以正手传球为例，球放在杆刃中部，球拍向前倾斜扣住球；肩对目标传球，将球拨到后脚旁，用拍顺冰面向前脚扫球；重心从后脚移到前脚，球从杆刃中部向前转动，拍尖指向传球方向；最后向内转动手腕，用杆刃贴冰面抽压冰球，使之旋转离拍，顺冰面平稳滑动传出。若胸对目标传球，因为队友在前面，传球前要把球拨到体侧，用上手后拉、下手前推的动作将球传出。

（2）接球。

以正拍接球为例，接球前，两手适力握住杆柄，手腕要灵活，两肩要放松，将杆刃平放在冰面上；接球时，要使杆刃与来球方向垂直，并将杆刃向来球方向伸出；杆刃接触球时，根据球的速度向后引球杆，以减缓球的冲力，同时要使杆刃前倾与冰面所成角度小于直角，将球扣住，以防球弹出或跳动。

2. 运球

以拨球运球为例,这种运球方式的优势在于便于随时改变运球方向和将球射出,通常在过人、晃守门员、准备传球和射门时使用。初学拨球运球时,应从静止开始练习,用滑行的基本姿势——坐姿；目视前方,用余光看球；两手适力握紧,上下手要略靠近些,距离大约 20 ～ 25 厘米,伸向腹前,肩和上臂放松；用杆刃中部扣住球,通过腕的转动左右拨运。

3. 争球

每一场冰球比赛,从开始到结束,都要进行多次争球。它是获得球权的重要手段,在攻区争到球后,可直接射门得分,在守区争得球后,既可减少对球门的威胁,又可立即组织进攻。争球时,裁判员将球抛在两方争球队员的冰球杆之间的冰面上。争球队员面向对方端区站立,彼此相距约一冰球杆远的距离,杆刃放在冰上,两腿分立,两脚距离略比肩宽,集中注意力并对本队队员所站位置做到心中有数,待裁判员一抛球,立即迅速击拍争球,拨球给同队队员。

4. 射门

以拉射为例,这是最基本的射门方法,初学者应该首先掌握这一射门方法。射门时,肩对射球目标,将球先拨到后脚一侧,用杆刃后半部扣住；目视射球目标,余光看球,使球靠近门的正面,取得较好的射门角度,一旦决定射门,起拍要快,顺冰面向前拉球,同时重心由后脚移向前脚；球扫过前脚之后,顺势继续挥拍,指向射球目标,转动下手手腕抽打球,使球从杆刃后半部转至杆刃尖部飞离球拍。如想射高球,则在下的握杆手向上转动手腕；如想射低球,则向下转动下手手腕。

（三）守门员技术

守门员需要重点掌握以下防守技术：

1. 抓球

抓球常在球射到膝部以上或身上时使用，它对停球和控制球极为重要。动作方法为，抓手始终张开，保持准备抓球的姿势；抓到球后，应放在冰上用杆传给同伴或打到门后、板墙角。

2. 半分腿挡球

半分腿挡球对防守阻挡射到两侧的球极为有效。动作方法为，一腿跪下，另一腿踢出；身体略前倾，抓手张开准备抓球。

3. 全分腿挡球

全分腿挡球常用来阻挡射到远侧的下角球。动作方法为，两腿在冰上迅速分开，同时举起抓手防守射高球。

4. 双腿侧躺挡球

双腿侧躺挡球常在对付晃门及远侧冰面球时使用。动作方法为，侧躺时重心放在前腿上，后腿离开冰面；同时重心侧移，两腿向一侧滑倒，一腿压在另一腿的上面，挡手或抓手在上（取决于向哪边倒）准备防高球。

5. 蝶式跪挡

蝶式跪挡常在对付晃门及冰面球时使用。动作方法为，双膝内收，两小腿外展，护腿内侧支撑；背挺直，抓手向上，球拍位于两腿中间；射球一侧的冰刀必须伸过球门柱。

6. 侧踢球

侧踢球常在对付侧面的快速低射球时使用。动作方法为，如果向右侧踢，体重落在左腿上，用力蹬冰，重心向右侧移动，用护腿正面对着球；向左侧踢和向右相同，但方向相反。

二、滑雪运动训练

滑雪运动起源于欧洲的斯堪的纳维亚地区。发展至今，滑雪运动项目不断增多，领域不断扩展，在许多国家都是非常流行的深受大众喜爱的冬季户外休闲运动。滑雪运动按功能划分，有大众滑雪、竞技滑雪、实用滑雪等几种类型，竞技滑雪又包括越野滑雪、高山滑雪、跳台滑雪、自由式滑雪等小项目，分类如图 8-19 所示。

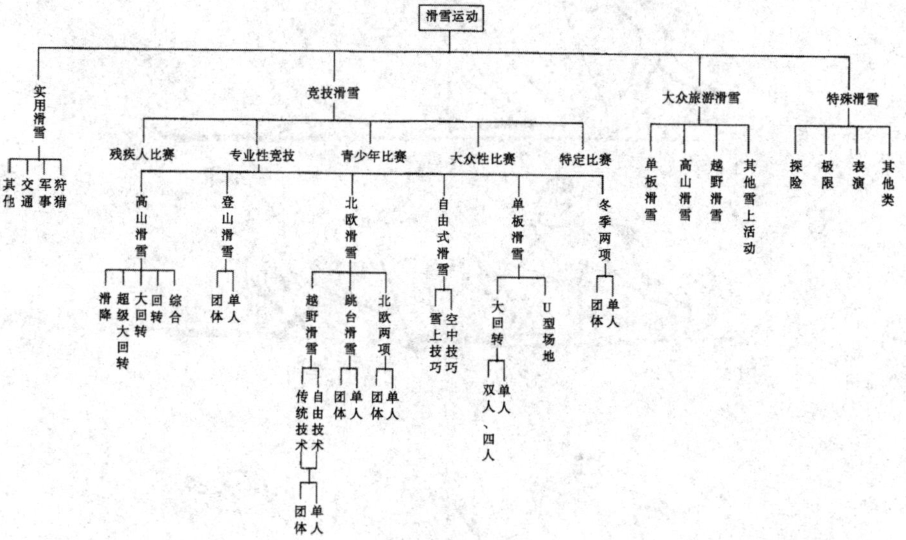

图 8-19

这里主要分析越野滑雪技术训练方法。

（一）平地滑雪

1. 两步交替滑行（图 8-20）

（1）上体向前倾，右脚向后用力蹬，右脚支撑重心，向前滑行，右膝微屈，左臂尽量向前摆，杖尖落在右脚尖附近。

（2）左手向后下方用力撑杖，左脚同时向前跟出，重心快速移向左脚。

（3）继续蹲屈，重心完全在左脚，右脚蹬动，手臂继续前摆。

2. 两步推进滑行（图 8-21）

（1）两杖推撑后前摆时，持雪杖在空中空摆，再着地推撑。

（2）两脚支撑重心，维持平衡。

（3）滑行要有节奏，心中默数数字，数“1”和“2”时各滑一步，数“3”时推撑。

（4）两脚滑行时吸气，两杖推撑时呼气。

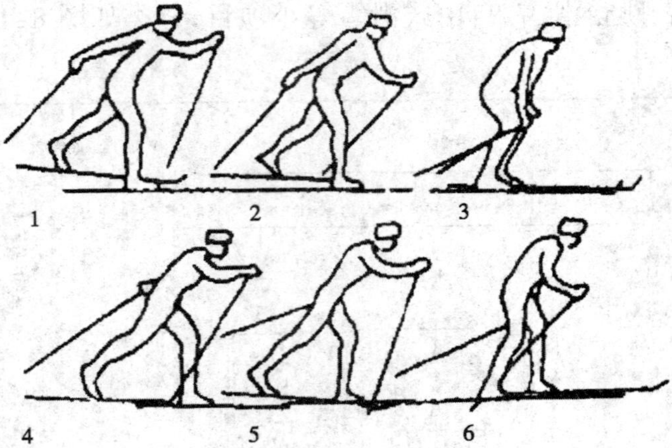

图 8-20

图 8-21

（二）登坡滑行

1. 直线登坡（图 8-22）

（1）上体适度前倾。

（2）雪杖落在身体重心线后面。

（3）随坡度调整步幅大小，坡度大，步幅小。

图 8-22

2. “八”字登坡(图 8-23)

(1)身体向前倾,两雪板形成倒“八”字形,两雪杖在身后交替支撑。

(2)支撑脚雪板内刃刻住雪面,重心在支撑脚上,非支撑脚向前上方迈出。然后重心移到原来的非支撑脚上,原先的支撑脚再向前迈出。

(3)根据坡度对两板尖分开角度进行调整,坡度大、开角大。

图 8-23

3. 阶梯式登坡(图 8–24)

(1)身体侧对山坡,两脚替换登行。在两板板刃刻进雪面时,山上侧脚先向上横跨,重心落在山下侧雪杖上,山下侧脚再向上蹬动,并用内刃刻进雪面。

(2)山下侧脚落地的同时,马上提起同侧雪杖并放在脚旁,以防身体脱滑。

图 8–24

(三)下坡滑行

1. 直线滑降

两板间隔 15 厘米,屈膝、屈踝,重心平均落在两板上,两臂稍向前抬,杖尖与地面靠近(图 8–25)。

2. 跨步式转弯滑降(图 8–26)

(1)一侧板向侧前方跨出,重心随之移动,撑杖,另一侧板紧紧跟上。

(2)另一侧板跟上后,两板保持平行。

图 8-25

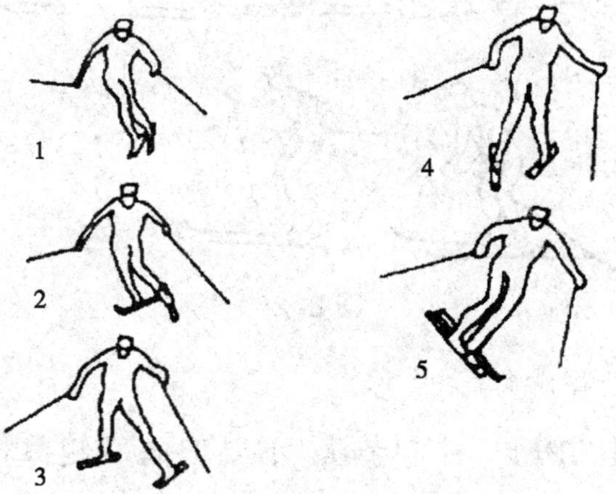

图 8-26

(四)自由式技术

1. 平地蹬冰式滑行(图 8-27)

(1)一侧腿蹬动后,支撑腿支撑重心,上体稍前倾。

(2)蹬伸腿用力蹬向侧后方,同时用板内刃刻住雪面。

(3)稍屈膝,大小腿夹角约为 100° ～ 110° 。

图 8-27

2. 交替蹬撑滑行(图 8-28)

(1)身体姿势和腿部动作同上。

(2)撑杖与蹬动动作同时进行。

图 8-28

3. 同时蹬撑滑行

充分撑杖、蹬腿,控制节奏,不要偏向一侧撑杖与蹬动(图 8-29)。

图 8-29

4. 二步、四步蹬撑滑行(图 8-30)

(1)两腿蹬动方法同蹬冰式技术。

(2)两臂持杖前摆时,上体直起,屈肘,两手摆到头上再落杖。

(3)撑杖时上体顺势下压,两手经过膝盖向后推撑。

图 8-30

5. 单蹬同撑滑行(图 8-31)

(1)蹬腿和撑杖后重心落在滑行板上。

(2)两臂均衡用力撑杖。

图 8-31

第九章　拓展训练项目训练方法

拓展训练是非常受现代人欢迎的一类户外运动，尤其受到年轻人的喜爱，是学生群体组织集体活动活跃气氛的重要形式，也是各类组织和企业进行团队建设的内容首选。拓展训练项目内容丰富、形式多样、种类齐全，各训练项目均有强身健体、愉悦心情、增进情感、促进合作与社会性发展等运动价值，同时不同项目又各有侧重。本章系统、全面地就丰富多彩的拓展训练项目训练内容与方法进行详细解析，为运动参与者提供指导。

第一节　拓展训练高空项目

一、空中断桥

空中断桥是典型的高空心理冲击类拓展训练项目，对心理素质有较高的要求，对运动者来说是一个很大的身心挑战。

（一）项目目的

（1）克服恐惧，认识自我，战胜自我。
（2）实现自我说服与激励，并学会激励他人。
（3）培养运动参与者的互帮互助意识和团队意识。
（4）让学员认知心态对行动的影响，并学会缓解心理压力。

（二）项目准备

1. 场地与器材

（1）室外组合训练架或专项训练架，高 7 ～ 12 米。

（2）直径 10.5 毫米动力绳两根，一根供拓展教师用，另一根保护桥上学员。

（3）静力绳一根，与训练架高度相等或略长。

（4）D 型锁或 O 型锁，上升器若干。

（5）至少准备 3 条坐式安全带。

（6）3 顶安全帽。

（7）40 厘米应急扁带 1 条。

（8）护腿板两副。

2. 人数时间

（1）人数：10 ～ 16 人。

（2）时间：70 分钟。

（三）操作方法

（1）拓展训练教练员进行集体培训，教会学员掌握安全带、头盔、主锁与上升器的使用方法。

（2）拓展训练教练员在地面演示高空中通过断桥的动作与方法。

（3）教会运动者如何进行心理调节。

（4）挑战者穿戴装备，接受队友激励。

（5）挑战者攀登上高桥，跨越断桥前，大声问地面队友“准备好了吗？”听到地面队友“准备好了”的回答后，调整呼吸和情绪，大步跨跳到桥板另一端，然后按同样方法跳回来。

(四)注意事项

(1)有严重外伤病史、心脑血管及精神疾病,慢性病及并发症者,慎重参与此项目,参与活动前应咨询医生建议。

(2)挑战者穿安全带、戴头盔、连接上升器时,应有专业人员指导,上训练架前应再仔细检查一遍。

(3)挑战前,运动者应在地面上进行试跳,记住起跳腿。

(4)在桥面上不允许助跑,可手扶绳子以维持平衡。

(5)如果挑战者畏难,教练员可引导、示范过桥。

(6)如果挑战者脸色发白,呼吸急促,动作僵硬,有呕吐征兆,要不断询问其情况,必要时应终止挑战。

二、空中飞狐

空中飞狐,又称“溜索”,是一个长距离高空拓展项目,对运动者的身体素质、运动技能、心理素质都具有较大的挑战。

(一)项目目的

(1)克服恐惧,挑战自我,战胜自我。

(2)丰富和强化运动技能。

(3)培养团队意识。

(4)培养自信心和积极的生活态度。

(二)项目准备

1. 场地器材

(1)选择专业的设定有钢锁与滑轮的拓展训练场地。

(2)静力主绳 2 根、细绳 2 根,长 50 米。

(3)丝扣主锁 6 把,快挂 1 副。

(4)半身安全带 3 条,胸式安全带 2 条。

（5）长扁带2条，短扁带4条。

（6）安全头盔2顶。

（7）手套2双。

2. 人数时间

（1）人数：10～16人。

（2）时间：80分钟。

（三）操作方法

（1）所有学员学习安全带、头盔、主锁与上升器的使用方法与检查方法。

（2）拓展训练教练员在地面演示空中溜索动作与方法。

（3）学员穿戴装备，并在地面进行模仿操作。

（4）挑战学员接受队友激励，开始挑战。

（5）挑战学员根据所学技术动作与方法顺利通过溜索。

（四）注意事项

（1）架设绳索一定要用静力绳，如果距离较长，需要架设双绳。

（2）保护点要做双重连接。

（3）挑战者应严格按照安全要求穿戴安全护具，主锁必须由专业人员给学员挂上。

（4）挑战者挑战时应摘除身上配饰、钥匙、手机及其他不安全物品。

（5）学员必须戴手套，不得穿短裤和裙子参加活动。

（6）学员负重、体重过大、有将军肚，必须穿胸式安全带联合使用。

（7）其他学员不要在溜索学员的正下方进行接应或保护。

三、高空速降

(一)项目目的

(1)克服恐惧,挑战自我,激发潜能。
(2)学习沿绳下降技能。
(3)学会自我鼓励和建立自信。
(4)培养团队互助、团队协作意识和精神。

(二)项目准备

1. 场地器材

(1)选择高为 3 ~ 4 层的楼房、人工岩壁、山崖或训练架。
(2)足够长度的登山静力绳2根(直径大于10毫米),1根备用。
(3)"8"字环、各类锁若干把。
(4)绳套 4 根,长为 40 厘米。
(5)半身式安全带 6 条,安全头盔 6 顶,手套 12 双。

2. 人数时间

(1)人数: 8 人一组。
(2)时间: 90 分钟。

(三)操作方法

(1)拓展教练员讲解各类器材的使用方法,以及速降的技术动作要领与方法,使学员掌握正确的速降操作方法。

(2)拓展教练员组织所有学员在地面进行模拟速降练习,确保学员动作正确。

(3)拓展教练员向地面保护学员讲解正确的保护方法。

(4)挑战者穿戴装备后,经过教练检查后,准备接受挑战。

(5)学员速降过程中,拓展教练员应密切关注速降的学员,耐心指导。

(四)注意事项

(1)有严重外伤病史,心脑血管及精神疾病、慢性病及并发症者,应慎重参加该项目,严格遵循医生建议。

(2)挑战者进行挑战前,必须再次进行安全检查。

(3)整个活动器械要有备份,符合器械备份原则。

(4)活动过程中,上下保护点应各有一名拓展教练员。

四、垂直天梯

(一)项目目的

(1)学会克服心理障碍。

(2)学会建立自信。

(3)学会团队相处,学会合理分工、相互鼓励。

(4)体会团队内部人员合理搭配对实现整体目标的价值。

(5)体会阶段性目标对于实现最终目标的重要意义。

(6)体会共同学习、总结经验对提高整体工作效率的重要性。

(7)珍惜他人的帮助,学会感恩。

(二)项目准备

1. 场地器材

(1)选择户外设置有专业的组合训练架或专项训练架的场地。

(2)准备长度不少于 25 米的 10.5 毫米动力绳 2 条;40 厘米扁带(绳套)6 条。

(3)上保护点 4 条,下保护点 2 条。

(4)D 型锁或 O 型锁若干把。

（5）坐式安全带4条。

（6）头盔4顶，手套6副。

2. 人数时间

（1）人数：10～16人。

（2）时间：100分钟。

（三）操作方法

（1）拓展教练员教会所有学员具体的项目流程、项目活动中的动作技术方法。

（2）拓展教练员讲解安全器材的穿戴、使用、检查方法。

（3）拓展教练员指导学员两人一组，向上攀登。

（4）攀登天梯过程中，学员可利用横木与两人身体，不允许拉拽胸前的保护绳及两边的钢缆。

（5）两人共同站在第5根横木上手抱第6根横木即宣告任务完成。

（6）教练员指导下方保护者进行保护的方法。

（7）地面保护者视攀登者的活动情况收紧保护绳，但不得提供拉力帮助。

（四）注意事项

（1）学员穿戴安全装备应在教练员指导下进行，正式攀登前应再次检查。

（2）拓展教练员亲自给学员摘挂铁锁，挂锁前应将保护绳的拧转去除。

（3）学员挑战前必须要摘除身上的各种装饰物，以及钥匙、手机等物品。

（4）学员挑战过程中，如发现学员拉拽胸前的保护绳及两边钢缆（铁链）、保护学员拉保护绳帮助，应制止。

（5）监控保护学员人数与保护动作，不断强调安全事项。

（6）天梯下禁止站人，学员完成挑战需要下降时，地面保护人员可以站到天梯另外一侧。

第二节　拓展训练中低空项目

一、独木桥

（一）项目目的

（1）克服恐惧，认识自我，战胜自我。
（2）自我说服，自我激励。
（3）体会鼓励他人和获取鼓励的重要性。
（4）感悟脚踏实地走出困境过程。

（二）项目准备

1. 场地器材

（1）室外空旷场地设置独木桥，独木桥高 3 ～ 5 米，桥不短于 4 米，宽约 30 厘米。

（2）独木桥下设置海绵池，或铺上垫子。

（3）安全器材与装备：铁索 2.6 米；静力绳 2 条，锁 4 把，“8”字环 2 把；全身式安全带 2 条，安全帽 2 顶；手套 4 副；扁带 2 条。

2. 人数时间

（1）人数：14 ～ 16 人。
（2）时间：85 分钟。

（三）操作方法

（1）拓展教练员介绍项目名称与内容。

（2）拓展教练员讲解安全器械装备穿戴、使用、检查方法。

（3）所有学员地面演示并组织模拟练习在一条直线上走小碎步。

（4）挑战学员穿戴装备后，接受队友激励。

（5）挑战者爬上桥面一端，从独木桥的一端走到另一端，沿梯子爬下。

（6）通过独木桥时，不允许跑，不允许拖拽保护绳。

（四）注意事项

（1）有严重外伤病史，心脑血管及精神疾病，慢性病及并发症者慎重参加此项目。

（2）学员穿戴安全装备应有专门技术人员或拓展教练员指导，穿戴好后安排专人进行检查。

（3）前一名学员挑战开始，下一名学员准备。

（4）地面保护人员应不断调整保护绳的松紧适度，跟随挑战学员侧后方1米移动，使保护绳不产生明显拉力。

（5）学员走完独木桥，要沿着立柱上的梯子爬下来。

（6）学员半途失去平衡，保护者应立即收紧保护绳。

（7）长发学员应将长发放入头盔中。

二、高台演讲

（一）项目目的

（1）提高语言表达力。

（2）培养在公共场合的自信心。

（3）培养时间感觉和把控能力。

（4）培养逻辑思维能力。

（5）培养倾听和学习的能力。

（6）培养胆识。

(二)项目准备

1. 场地器材

(1)室外开阔宽敞的开放场地,拓展训练专用的高台,一般高 2 ～ 4 米,最好有 3 面护栏,如果没有高台也可以利用背摔台或木箱代替,或集装箱顶,卡车顶部。

(2)秒表一块。

(3)用于简单记录的笔和本。

2. 人数时间

(1)人数: 14 人左右。

(2)时间: 90 分钟,每人 3 分钟。

(三)操作方法

(1)拓展教练员介绍项目名称、内容、流程。

(2)所有的人轮流站到高台上进行演讲。

(3)演讲人登上高台开始计时,共计 3 分钟,时间结束必须停止,最后 15 秒给予提示。

(4)用 1 分钟讲过去,用 1 分钟讲现在,用 1 分钟讲未来。

(5)如果演讲结束,时间未到,演讲者应继续留在台上演讲。

(6)安排一名计时员,计时、提醒,并记录演讲内容时间分配。

(7)安排一名记录员,简单记录研究内容。

(四)注意事项

(1)强调 3 分钟时间,过去、现在、未来各讲 1 分钟。

(2)尽量不要发问打断演讲学员的思路。

(3)不得使用不文明用语。

(4)提前通知下一位准备演讲的学员,确保交接顺畅。

(5)上下演讲台注意安全,不得跳下演讲台。

三、空中抓杠

(一)项目目的

(1)克服心理障碍,增强自信。
(2)感受他人关心,感受信任、团队合作精神。
(3)掌握目标管理与控制的成功经验。
(4)学会争取机会。
(5)学习换位思考。

(二)项目准备

1. 场地器材

(1)场地:野外基地。
(2)25 米长、直径 10.5 毫米的动力绳两根。
(3)丝扣铁锁 4 把,钢锁 4 把;长的绳套 2 套,“8”字环 2 个。
(4)手套、全身式安全衣、头盔若干。
(5)高杠通过区域下方设置海绵池,或铺上垫子。

2. 人数时间

(1)人数:10 ~ 16 人。
(2)时间:120 分钟。

(三)操作方法

(1)拓展教练员宣布项目名称和活动方式。

(2)拓展教练员陈述项目背景:我们军舰遭到敌军偷袭,情况危急,军舰随时可能沉入大海,总部派来直升机救援,但海风大飞机难以降落,船员需跳起抓住直升机上垂下的绳梯才有机会逃生,否则就会葬身大海。

（3）拓展教练员讲解保护器械的正确使用。

（4）拓展教练员指导学员进行热身活动。

（5）拓展教练员向挑战学员讲解抓杠时机、方法、技巧，以及安全注意事项。

（6）拓展教练员向地面保护学员讲解保护方法，强调安全事项。

（四）注意事项

（1）有严重外伤病史，心脑血管及精神疾病、慢性病及并发症者慎重参加此项目。

（2）禁止戴戒指、留长指甲，长发学员将头发盘入安全头盔。

（3）每次使用前认真检查保护器械，确保没有安全隐患。

（4）根据学员的体能情况调整单杠的远近。

四、信任背摔

（一）项目目的

（1）挑战自我，培养勇气。

（2）培养团队信任、互帮互助精神。

（3）体会合理突破本能的意义。

（4）感悟制度的制定与保障对完成任务的价值。

（5）学会换位思考。

（二）项目准备

1. 场地器材

拓展训练信任背摔台（高 1.5 ～ 1.8 米）。

2. 人数时间

（1）人数：12 ～ 16 人。

（2）时间：40 分钟。

（三）操作方法

（1）拓展教练员介绍项目名称，内容、流程。

（2）拓展教练员讲解台上挑战者的背摔方法，讲解地面保护者的站位和保护方法。

（3）正式挑战开始前，所有学员接受队训，绑手练习，对位练习，试压练习，搭人床练习；最后进行实际操作。

（4）所有学员依次轮流上到台上，按照要求后倒，其他所有队友将其接住（图 9–1）。

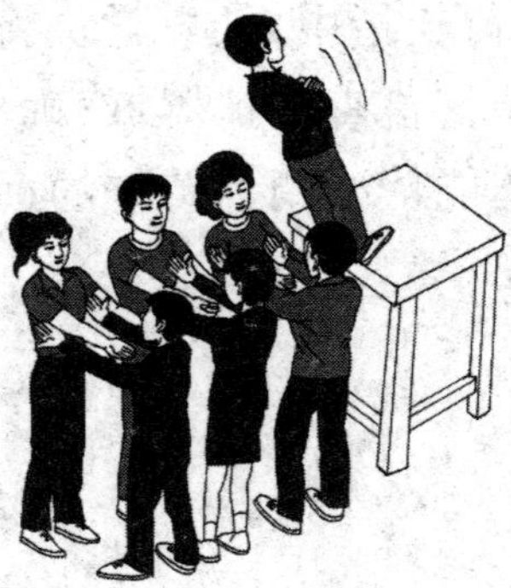

图 9–1

（四）注意事项

（1）有严重外伤病史，心脑血管及精神病、高度近视等不做此项目。

（2）所有学员必须将身上带的所有硬物摘下。

（3）拓展教练员应反复强调安全事项，提醒动作规范，试压。

（4）安排学员由背摔台向外按弱、较强、强、强、较强、弱来排列，3、4 组安排男士，接人学员手臂水平或渐高。

（5）学员倒下被接住后，教师下蹲控制挑战学员的脚。

（6）学员落地站起时，防止头前冲，碰到背摔台。

第三节　拓展训练地面项目

一、踩气球

（一）项目目的

（1）增强团队信任。
（2）培养组织协作能力。
（3）增进情感、促进友谊。
（4）培养团队精神。

（二）项目准备

1. 场地器材

（1）平整，空旷的场地。
（2）气球若干，小细绳若干。
（3）秒表一块。

2. 人数时间

（1）人数：不限。
（2）时间：20 分钟。

（三）操作方法

（1）所有学员均分为四个组。

（2）每人分发四个气球，比赛开始，自己将气球吹起并系在脚踝上。

（3）每组所有气球系好后，就可攻击（踩）其他小组的气球。

（4）双方队员保护好自己的气球不被踩，同时，努力去踩对方的气球。

（5）被踩破所有气球者淘汰。

（6）跑出规定区域者视为气球已破，不得再加入比赛。

（7）规定时间结束，剩下气球多的一组获胜。

（四）注意事项

（1）吹气球必须达到规定大小标准。

（2）相互踩气球过程中不得推搡，不得故意踩对方的脚。

（3）提醒学员避免彼此拥挤摔倒。

二、地雷战

（一）项目目的

（1）学习沟通技巧，提高沟通能力。

（2）认识互相信任、协作的重要性。

（3）增强团队合作精神。

（二）项目准备

1. 场地器材

（1）空旷场地一块。

（2）塑料杯三个。

（3）白纸数张，每组纸板一块。

（4）眼罩若干。

2. 人数时间

（1）人数：6～8人一组。

（2）时间：30分钟。

(三)操作方法

(1)拓展教练员讲解项目名称、情景。

(2)用白纸在游戏区设置障碍,场地中间用3个杯子垒成杯塔(底部杯子正放,第二个倒放,第三个杯子盛水放置),视为“地雷”。

(3)6～8人一组,任务是跨过雷区。

(4)每组选出一人站在雷区一端做指挥者,本组其他队员蒙上眼睛,指挥者指挥队友安全跨过雷区。

(5)每次只能由一个人通过雷区。

(6)过雷区者踏中雷区(白纸),踢到杯塔视为“阵亡”,退出游戏。

(7)所有组员完成之后,将本组的纸板放在杯塔上,杯塔不倒获胜。

(8)通过雷区者可以解下眼罩,在旁指导。

(四)注意事项

(1)在所有人蒙上眼睛后再放置“地雷”。

(2)所有人只有跨过雷区或阵亡才能摘下眼罩。

三、齐头并进

(一)项目目的

(1)训练和提高沟通能力。

(2)培养和提高团队协作能力。

（二）项目准备

1. 场地器材

（1）场地：空旷场地一块，草地或雪地最好。

（2）器材：木板、绳子或布条。

2. 人数时间

（1）人数：4 ～ 8 人一组。

（2）时间：10 ～ 15 分钟。

（三）操作方法

（1）拓展教练员讲解项目名称、内容、方法。

（2）所有队员进行分组，每组一条长木板和一些绳子。

（3）每组成员分别将所有人的左脚固定在一块长木板上，所有人的右脚固定在另一块长木板上。

（4）规定时间内最早到达终点线的组获胜。

（四）注意事项

（1）运动前进行充分热身，避免运动损伤。

（2）中途有学员的脚从板上脱落现象，应原地绑好继续前进。

（3）各组之间避免冲撞而引起摔倒挤压。

四、搭桥过河

（一）项目目的

（1）培养团队合作精神。

（2）提高团队沟通能力。

(二)项目准备

1. 场地器材

(1)场地：空旷场地一块。

(2)器材：凳子，木板(长约1.5米)。

2. 人数时间

(1)人数：4～5人一组。

(2)时间：30分钟。

(三)操作方法

(1)拓展教练员介绍项目名称、内容。

(2)学员分组，每组4～5人。

(3)每组分发6个圆凳和1块木板。

(4)6个圆凳间隔放置，每两个圆凳间隔长度略短于木板。

(5)各组成员借助木板依次通过6个圆凳，每个人踩上1个凳子后将木板搭于第1个和第2个凳子之间，通过木板到达第2个凳子，依此类推。

(6)每个成员都依次通过圆凳，采取竞赛的方式，即两组同时进行。用时短的组获胜。

(四)注意事项

(1)游戏前充分热身。

(2)注意圆凳的高度和游戏中的保护。

(3)有运动障碍队员，应特别说明注意事项，避免受伤。

参考文献

[1] 莫双瑗，莫双溪，谢宛妍．户外运动的教育价值及实践路径研究 [M]. 北京：中国商业出版社，2019.

[2] 周红伟．阳光体育视域下户外运动发展研究 [M]. 中国原子能出版社，2019.

[3] 罗祥凯．户外运动 [M]. 北京：现代教育出版社，2018.

[4] 孟令滨．大学生户外运动教程 [M]. 哈尔滨：东北林业大学出版社，2018.

[5] 刘晓燕，高誉松．户外运动拓展与荒野生存探险 [M]. 北京：北京工业大学出版社，2018.

[6] 韩奇．户外运动的科学组织与开展研究 [M]. 北京：中国书籍出版社，2018.

[7] 王桂忠，邱世亮，范锦勤．野外生存教育教程 [M]. 广州：暨南大学出版社，2009.

[8] 王健．野外生存技巧（第 2 版）[M]. 北京：科学出版社，2012.

[9] 钱永健．拓展训练 [M]. 北京：企业管理出版社，2011.

[10] 谢恩杰，李萍美，程丽珍．学校拓展训练 [M]. 北京：中国科学技术出版社，2007.

[11] 厉丽玉．户外运动与拓展训练 [M]. 杭州：浙江大学出版社，2012.

[12] 金承哲，孙威．大学生拓展训练实用教程 [M]. 长春：吉林大学出版社，2011.

[13] 李金芬 . 户外运动安全管理研究 [M]. 北京：中国原子能出版社，2011.

[14] 张钧，张蕴琨 . 运动营养学（第二版）[M]. 北京：高等教育出版社，2010.

[15] 褚立希 . 运动医学 [M]. 北京：人民卫生出版社，2012.

[16] 黄涛 . 运动损伤的治疗与康复 [M]. 北京：北京体育大学出版社，2010.

[17] 胡炬波 . 户外运动与拓展训练 [M]. 杭州：浙江大学出版社，2017.

[18] 周晓玲 . 户外运动与大学生休闲体育 [M]. 武汉：长江出版社，2017.

[19] 冯祎中 . 户外运动健身理论与方法指导 [M]. 北京：中国原子能出版社，2017.

[20] 庹清云 . 大学生户外运动与拓展训练安全管理研究 [M]. 北京：中国原子能出版社，2017.

[21] 温贺宝，陈建华，蓝怡 . 水上运动竞技与休闲 [M]. 哈尔滨：哈尔滨地图出版社，2009.

[22] 唐亮 . 水上运动技巧 [M]. 北京：中国社会出版社，2009.

[23] 李华 . 游泳救生及水上运动 [M]. 北京：清华大学出版社，2015.

[24] 施纯志 . 水上运动与健身 [M]. 哈尔滨：哈尔滨地图出版社，2009.

[25] 郑正 . 学校户外运动安全指导 [M]. 成都：四川大学出版社，2008.

[26] 姚鸿恩 . 体育保健学（第四版）[M]. 北京：高等教育出版社，2006.

[27] 郎朝春 . 健康体适能与运动处方 [M]. 北京：北京理工大学出版社，2013.

[28] 王予彬，王人卫 . 运动创伤学 [M]. 北京：人民军医出版社，2008.

[29] 董立 . 大学生户外运动 [M]. 成都：西南交通大学出版社，2010.

[30] 夏本立 . 户外健身运动指南 [M]. 北京：人民军医出版社，2014.

[31] 程君杰 . 户外运动与拓展训练研究 [M]. 长春：吉林大学出版社，2018.

[32] 赵洪朋，周成林 . 青少年户外运动健身特点与指导方案研究 [M]. 沈阳：东北大学出版社，2013.

[33] 赵睿 . 冰雪运动技巧 [M]. 北京：中国社会出版社，2007.

[34] 陈钧等 . 滑冰、滑雪、游泳运动手册 [M]. 北京：金盾出版社，2012.

[35] 蔡勇 . 户外运动与安全防卫技能 [M]. 北京：北京师范大学出版社，2016.

[36] 吴毅明 . 大众体育系列 户外运动 [M]. 合肥：合肥工业大学出版社，2016.

[37] 张五平 . 强者游戏 户外运动 [M]. 广州：世界图书出版有限公司（广东），2016.

[38] 李舒平，邹凯 . 户外运动的风险管理 [M]. 广州：广东科技出版社，2009.

[39] 杨绛梅 . 户外运动 [M]. 北京：北京体育大学出版社，2015.

[40] 沈永金 . 户外运动 [M]. 昆明：云南大学出版社，2013.

[41] 尹昊 . 拓展训练理论与实践 [M]. 北京：北京体育大学出版社，2013.

[42] 董范，国伟，董利 . 户外运动学 [M]. 武汉：中国地质大学出版社，2009.

[43] 张英波 . 现代体能训练方法 [M]. 北京：北京体育大学出版社，2007.

[44] 王瑞元，苏全生 . 运动生理学 [M]. 北京：人民体育出版社，2012.

[45] 孙健，原源，曲喜峰．运动人体科学理论与应用研究 [M]. 北京：中国时代经济出版社，2014.

[46] 商虹．体育心理学 [M]. 成都：西南交通大学出版社，2010.

[47] 张祥斌．团队拓展训练游戏 [M]. 北京：清华大学出版社，2018.

[48] 邢雷．素质拓展训练 [M]. 北京：北京师范大学出版社，2014.

[49] 杜杨婷，余星，刘明坤．对户外运动发展概念界定的辨析 [J]. 当代体育科技，2019，9（11）：228.

[50] 孙辉．跨界协同治理视角下我国户外运动发展研究 [J]. 湖北经济学院学报，2019（3）：20.

[51] 孙永生，史登登．户外运动相关概念辨析 [J]. 体育学刊，2013（20）：56–59.

[52] 马欣祥，田庄．对户外运动概念的重新甄别与界定 [J]. 中国体育科技，2015（51）：140–145.

[53] 徐瑜，杨文革．户外急救课程在高校开展形式的研究 [J]. 当代体育科技，2019（22）：85+87.

[54] 吴倩倩．户外运动俱乐部安全管控研究 [D]. 华侨大学，2013.

[55] 刘华荣．我国高校户外运动风险管理研究 [D]. 北京体育大学，2017.

[56] 盛玉雷．户外运动，当遵守法纪敬畏自然 [N]. 人民日报，2019–05–17.